2025

湖南渔业统计年鉴

HUNAN FISHERY STATISTICAL YEARBOOK

湖南省农业农村厅渔业渔政管理处
湖南省畜牧水产事务中心渔业发展部 编制
湖南省水产科学研究所 湖南省水产学会

中国农业出版社
北 京

编 辑 委 员 会

编 者 说 明

一、《2025 湖南渔业统计年鉴》以正式出版年份标序。其统计数据起讫日期：渔民家庭收支调查数据起讫时间为 2023 年 11 月 1 日至 2024 年 10 月 31 日，渔业统计数据起讫时间为 2024 年 1 月 1 日至 2024 年 12 月 31 日。

二、统计数据中，渔民家庭收支调查相关数据来源于全省 9 个渔民家庭收支调查样本县调查年报数据。渔业统计数据来源于全省 14 个市（州）128 个县（区）渔业主管部门 2024 年度渔业统计年报数据，湖南省有行政区县 122 个，本书增加了岳阳市屈原管理区、益阳市大通湖区、永州市金洞管理区、回龙圩管理区、怀化市洪江区、娄底市经济开发区 6 个非行政区的渔业统计数据。

三、本书湘西土家族苗族自治州、城步苗族自治县、江华瑶族自治县、麻阳苗族自治县、新晃侗族自治县、芷江侗族自治县、靖州苗族自治县、通道侗族自治县均使用简称表示，分别为湘西自治州、城步自治县、江华自治县、麻阳自治县、新晃自治县、芷江自治县、靖州自治县、通道自治县。

四、主要统计指标数据执行《农业农村部办公厅关于印发农村经营管理情况统计调查制度等 12 项统计调查制度的通知》（农办市〔2024〕4 号）及 2024 年度国家统计局批准执行的《统计指标体系》（国统制〔2024〕120 号）。

五、根据国家统计局统计督察意见，本年鉴中渔业产值为淡水捕捞、淡水养殖产品产值之和，而 2021 年及以前年度年鉴及汇编资料中，渔业产值为淡水捕捞、淡水养殖产品及水产苗种产值之和。

六、渔业产值实行分级核算。全省渔业一产产值由湖南省统计局核算提供，各市（州）渔业一产产值由所属各县（区）渔业部门填报汇总。

七、度量衡单位均采用国际统一标准计量单位。涉及水产品产量数字一律采用 1996 年制定的水产品产量统计新标准统计，亩作为非法定计量单位在本书不做换算，1 亩＝1/15 公顷。

　　八、各表中的"0"表示该项统计指标数据不足本表最小单位数或无该项数据。

2024 年湖南省渔业统计情况综述

2024 年，全省渔业深入贯彻党的二十届三中全会精神，坚持稳重求进总基调，聚焦渔业高质量发展与长江十年禁渔，以绿色养殖和常态化执法监管为抓手，培育设施渔业和水产种业等新增长点，以一产为基础、二三产为重点，引导渔业产业链拓展延伸，渔业现代化水平和产业融合发展均取得长足进步，为乡村全面振兴做出了积极贡献。

一、渔业经济总产值

2024 年，全省渔业经济总产值 1 281.81 亿元，其中渔业产值（以湖南省统计局年报数据为准）683.89 亿元、渔业工业和建筑业产值 210.92 亿元、渔业流通和服务业产值 387.01 亿元。

渔业产值占农林牧渔业总产值的比重为 7.85%（《湖南省 2024 年国民经济和社会发展统计公报》公布，2024 年全省农林牧渔业总产值 8 715.7 亿元）。渔业产值中：淡水捕捞产值 0.34 亿元，淡水养殖产值 683.55 亿元；水产苗种产值 40.51 亿元（不计入渔业一产产值）。渔业工业和建筑业产值中：水产品加工产值 130.04 亿元，渔用机具制造产值 9.05 亿元，渔用饲料及渔用药物产值 50.86 亿元，渔业建筑业及其他产值 20.97 亿元。渔业流通和服务业产值中：水产流通及仓储运输产值 310.02 亿元，休闲渔业产值 40.84 亿元，其他产值 36.14 亿元。渔业一二三产业产值的比重为 53.4∶16.5∶30.2，如图 1 所示。

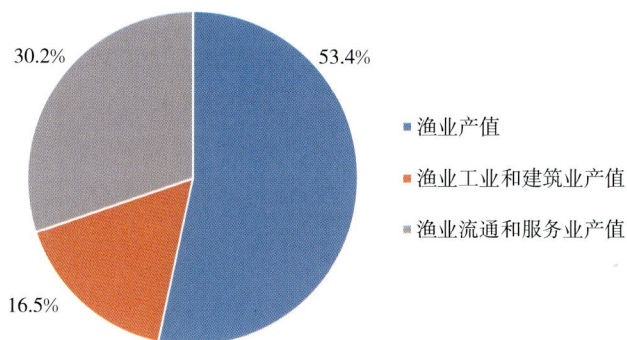

图 1　2024 年全省渔业经济总产值构成

二、渔业人口及渔民人均收入

2024 年年末全省渔业户 24.37 万户，同比增长 9.04%；渔业人口 106.15 万人，同比增长 5.2%；渔业从业人员 94.95 万人，同比增长 10.89%。据对全省 450 户渔民家庭样本户当年收支情况调查推算，2024 年全省渔民家庭人均纯收入 23 048.92 元，同比增长 2.33%；家庭人均可支配收入 23 007.85 元，同比增长 5.42%。

三、水产品产量

2024 年，全省水产品总产量 299.1 万吨，比上年增加 13.21 万吨，同比增长 4.62%。其中：水产养殖产量 298.96 万吨，同比增长 4.63%；捕捞产量 0.14 万吨，同比下降 15.30%。如表 1 所示。

全省人均水产品占有量 45.74 千克（《湖南省 2024 年国民经济和社会发展统计公报》公布，2024 年末全省常住人口 6 539 万人），比上年（43.53 千克/人）增加 2.21 千克、增长 5.08%，比 2018 年（35.79 千克/人）增加 9.95 千克，年均增长 4.63%。

表 1　2024 年全省水产养殖产量、捕捞产量

指　标	水产养殖		淡水捕捞	
	产量（万吨）	增减（%）	产量（万吨）	增减（%）
全省总计	**298.96**	**4.63**	**0.14**	**−15.30**
鱼　类	227.97	3.81	0.10	1.57
甲壳类	51.54	5.16	0.01	−29.81
贝　类	1.51	28.38	0.03	−46.84
其他类	17.93	12.58	0.002	28.57

水产养殖产量按养殖品种分：鱼类养殖产量 227.97 万吨，占养殖总产量的 76.26%；甲壳类（虾、蟹）产量 51.54 万吨，占养殖总产量的 17.24%；贝类产量 1.51 万吨，占养殖总产量的 0.51%；其他类（龟、鳖、蛙）产量 17.93 万吨，占养殖总产量的 6%。

鱼类养殖产量中：青、草、鲢、鳙、鲤、鲫、鳊鲂七个大宗淡水鱼类品种的养殖产量 187.01 万吨，占养殖总产量的 62.55%；以鲈鱼、黄颡、黄鳝、鳜鱼、乌鳢、鲇鱼、鲴鱼、泥鳅等为主的名优鱼类养殖产量 40.96 万吨，占养殖总产量的 13.7%，如表 2、图 2 所示。

表 2　2024 年养殖产量（按养殖品种分）

指　标	产量（万吨）	增减（万吨）	增减（%）
全省合计	**298.96**	**13.23**	**4.63**
大宗淡水鱼类	187.01	−1.17	−0.62
名优鱼类	40.96	9.53	30.33
甲壳类	51.54	2.53	5.16
贝　类	1.51	0.33	28.38
其他类	17.93	2.00	12.58

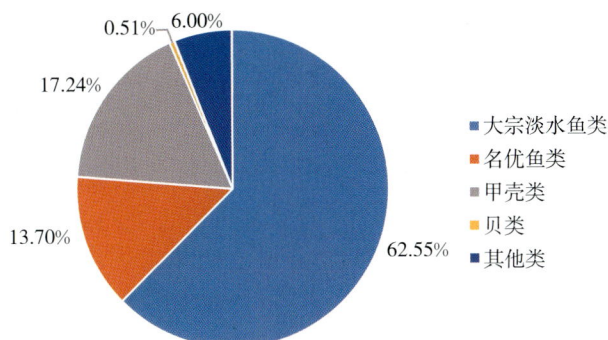

图 2 2024 年水产养殖品种产量构成

按水域类型分：全省池塘养殖产量 204.40 万吨，占养殖总产量的 68.37%；湖泊养殖产量 5.30 万吨，占养殖总产量的 1.77%；水库养殖产量 23.51 万吨，占养殖总产量的 7.86%；稻田综合种养水产品养殖产量 59.41 万吨，占养殖总产量的 19.87%；河沟及其他养殖产量 6.34 万吨，占养殖总产量的 2.12%，如表 3、图 3 所示。稻渔种养水产品产量中：稻田养鱼产量 8.35 万吨，稻田养虾、蟹产量 47.98 万吨，稻蛙、稻鳖等其他水产品产量 3.08 万吨。

表 3 2024 年水产养殖产量（按水域类型分）

指　　　标	产量（万吨）	增减（万吨）	增减（%）
全省合计	298.96	13.23	4.63
池　　塘	204.40	10.78	5.57
湖　　泊	5.30	−0.22	−4.01
水　　库	23.51	1.34	6.04
稻　　田	59.41	1.43	2.47
河沟及其他	6.34	−0.09	−1.44

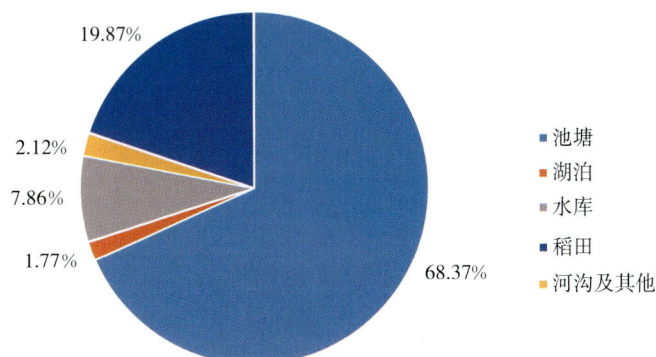

图 3 2024 年各水域水产养殖产量占比

四、水产养殖面积

2024 年，全省水产养殖面积 45.54 万公顷，同比增长 0.72％。其中，池塘养殖面积 27.49 万公顷，占水产养殖总面积的 60.37％；湖泊养殖面积 6.24 万公顷，占养殖总面积的 13.70％；水库养殖面积 10.54 公顷，占养殖总面积的 23.13％；河沟及其他养殖面积 1.28 万公顷，占养殖总面积的 2.80％，如表 4 所示。

全省发展稻渔综合种养面积 35.8 万公顷（不计入水产养殖面积），同比下降 1.27％。其中，稻田养鱼面积 12.88 万公顷，稻虾、蟹种养面积 22.1 万公顷，稻蛙、稻鳖等其他综合种养面积 0.81 万公顷。

表 4　2024 年水产养殖面积

指　　标	面积（万公顷）	增减（万公顷）	增减（％）
全省合计	**45.54**	**0.33**	**0.72**
池　塘	27.49	0.06	0.21
湖　泊	6.24	0.02	0.33
水　库	10.54	0.23	2.24
河沟及其他	1.28	0.02	1.51
稻渔种养（不计入水产养殖面积）	35.80	−0.46	−1.27

五、水产苗种生产

2024 年，全省孵化生产淡水鱼苗 799.67 亿尾，同比增长 9.07％；培育生产各类淡水鱼种 47.19 万吨，同比增长 3.66％；投放各类鱼种 51.71 万吨，同比增长 6.2％；培育扣蟹 3.84 万千克，同比增长 111.92％；孵化稚鳖 13 638.44 万只，同比增长 36.38％；孵化稚龟 1 433.15 万只，同比增长 1.47％。虾类（克氏原螯虾）育苗 110.54 亿尾，同比增长 6.14％。

六、水产品加工

2024 年，全省水产加工企业 326 个，同比增长 2.52％；年加工能力 87.78 万吨，同比增长 8.96％；其中规模以上水产品加工企业 129 个，同比增长 7.5％。各地水产品冷库 584 座，同比增长 20.41％。全年水产品加工总量 54.48 万吨，同比增长 6.76％。其中，水产冷冻品加工 36.02 万吨，同比增长 3.5％；鱼糜制品及干腌制品加工 13.70 万吨，同比增长 15.01％；罐制品加工 1.59 万吨，同比增长 20.29％；鱼粉加工 2.27 万吨，同比增长 8.04％。全年用于加工的水产品产量 71.63 万吨，同比增长 11.13％。克氏原螯虾年加工总量 13.17 万吨，同比增长 3.67%。

七、渔业船舶拥有量

2024 年末，全省渔船总数 15 318 艘、总吨位 20 562 吨。其中，机动渔船 8 947 艘、总吨位 16 710 吨、总功率 53 630 千瓦，非机动渔船 6 371 艘、总吨位 3 852 吨。

机动渔船中：养殖生产渔船数量 8 515 艘、总吨位 13 474 吨、总功率 28 537 千瓦；辅助渔船数量 432 艘、总吨位 3 236 吨、总功率 25 093 千瓦，其中渔业执法船数量 270 艘、总吨位 2 666 吨、总功率 20 605 千瓦。

八、渔业灾情

2024 年，各地由于台风、洪涝、病害、干旱、污染及其他灾情造成水产品产量损失 3.78 万吨，受灾养殖面积 3.66 万公顷，直接经济损失 32.51 亿元，其中水产品损失 9.86 亿元、损毁渔业设施 22.65 亿元。

2020—2024 年主要渔业统计指标图

亿元

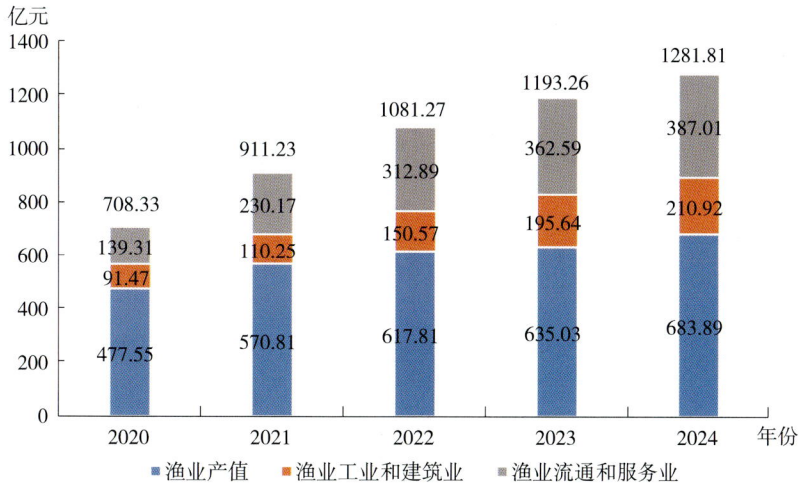

图 1　2020—2024 年全省渔业经济总产值构成

注：渔业产值不包含水产苗种产值。

■渔业产值　■渔业工业和建筑业　■渔业流通和服务业

亿元

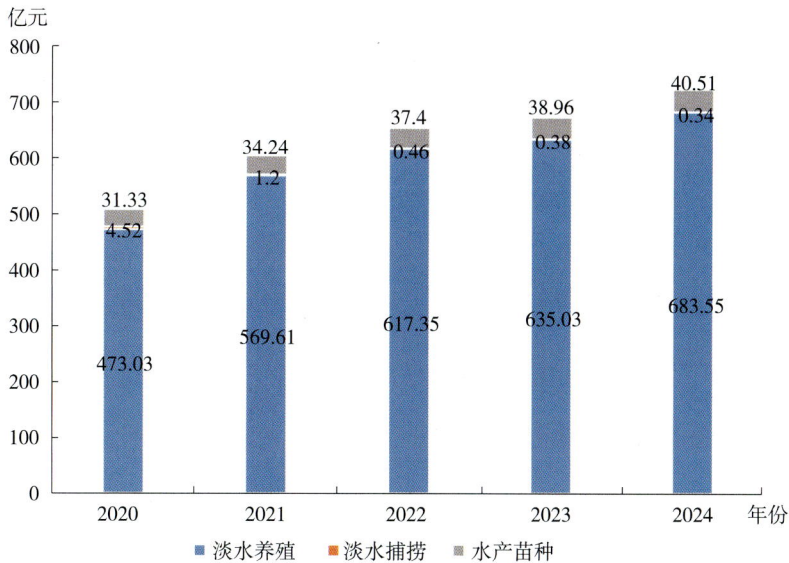

图 2　2020—2024 年全省渔业产值构成及水产苗种产值

■淡水养殖　■淡水捕捞　■水产苗种

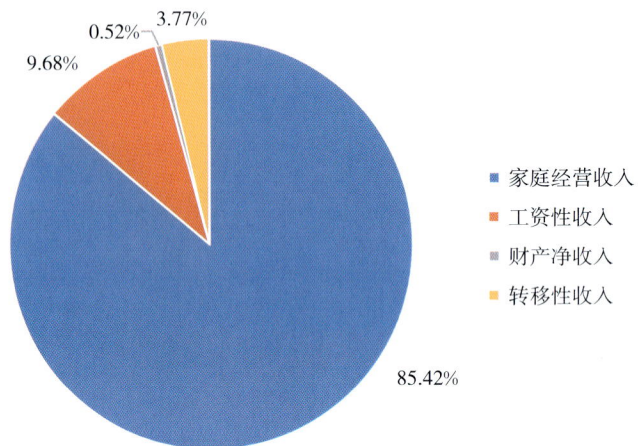

0.52%   3.77%
9.68%

■ 家庭经营收入
■ 工资性收入
■ 财产净收入
■ 转移性收入

85.42%

图 3　2024 年渔民家庭总收入构成

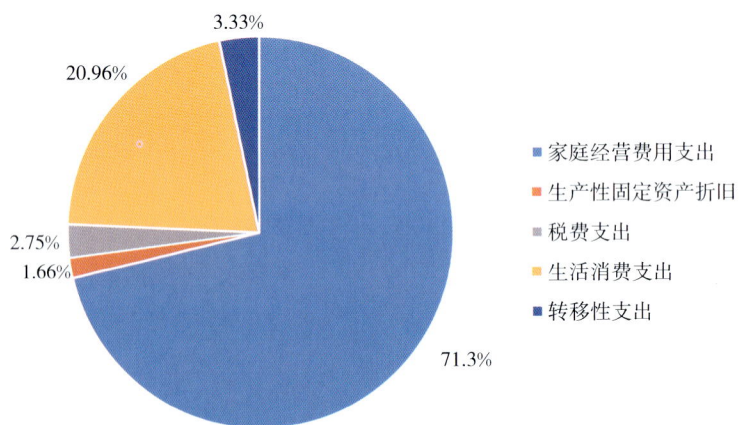

3.33%
20.96%

2.75%
1.66%

■ 家庭经营费用支出
■ 生产性固定资产折旧
■ 税费支出
■ 生活消费支出
■ 转移性支出

71.3%

图 4　2024 年渔民家庭总支出构成

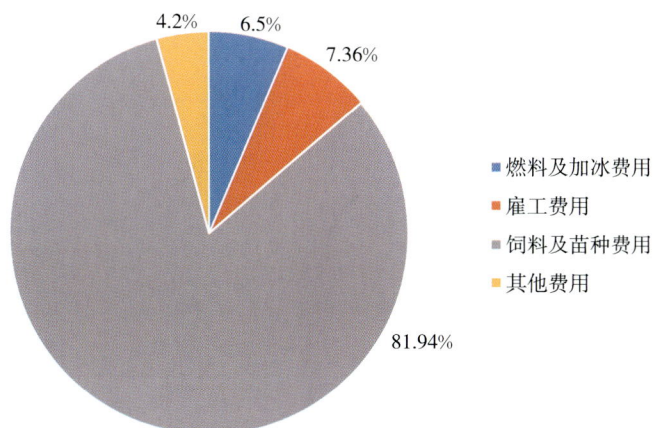

图 5   2024 年渔民家庭经营渔业支出构成

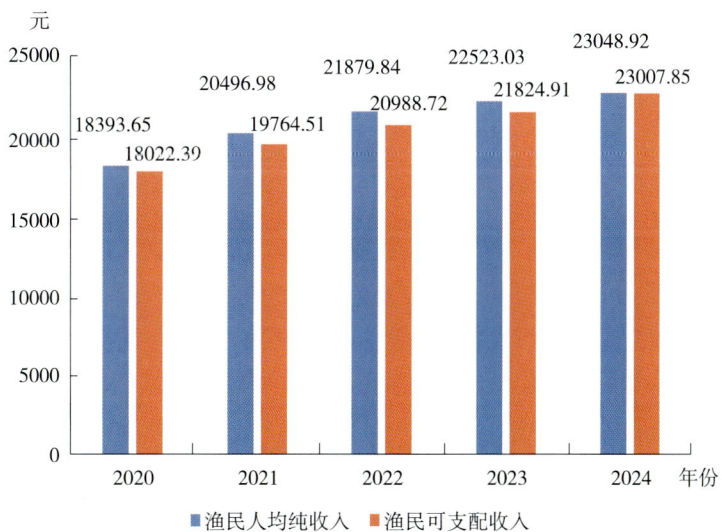

图 6   2020—2024 年渔民家庭人均纯收入及人均可支配收入

万吨

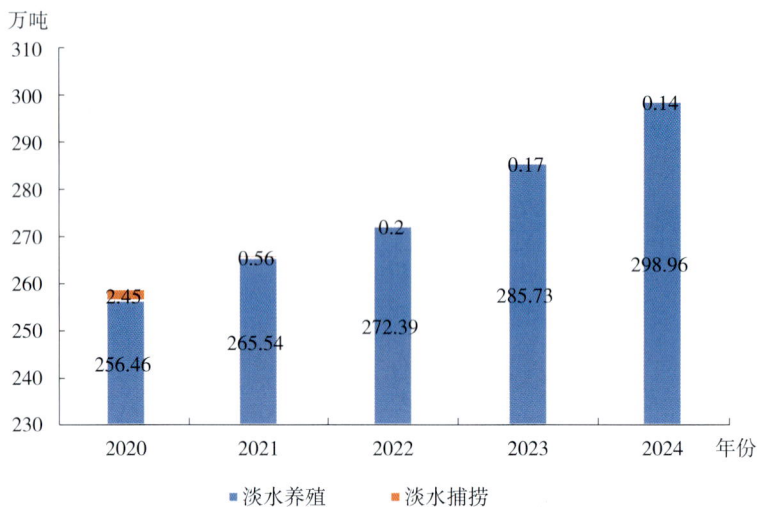

图 7　2020—2024 年水产养殖产量及捕捞产量

万吨

图 8　2020—2024 年养殖品种产量构成

万公顷

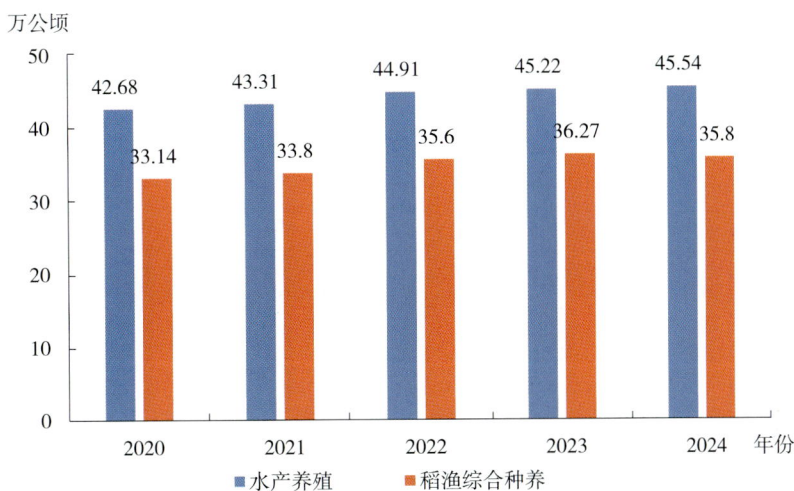

图 9　2020—2024 年水产养殖面积及稻渔综合种养面积

万公顷

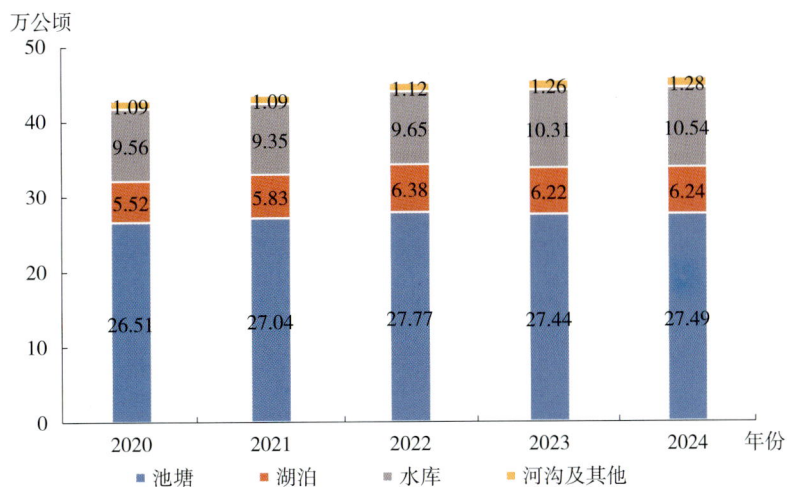

图 10　2020—2024 年各水域养殖面积构成

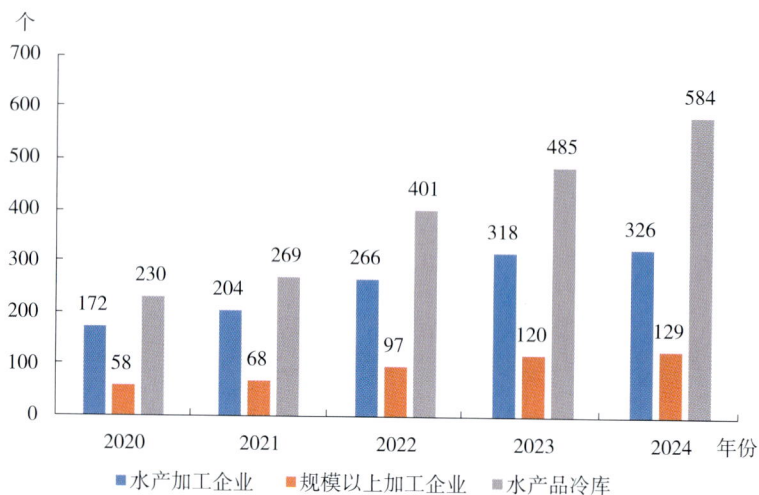

图 11 2020—2024 年水产加工企业及冷库数量

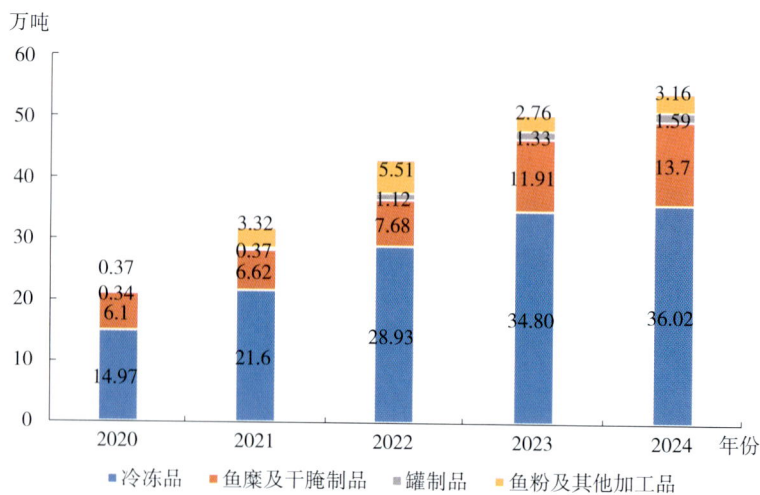

图 12 2020—2024 年水产加工品构成

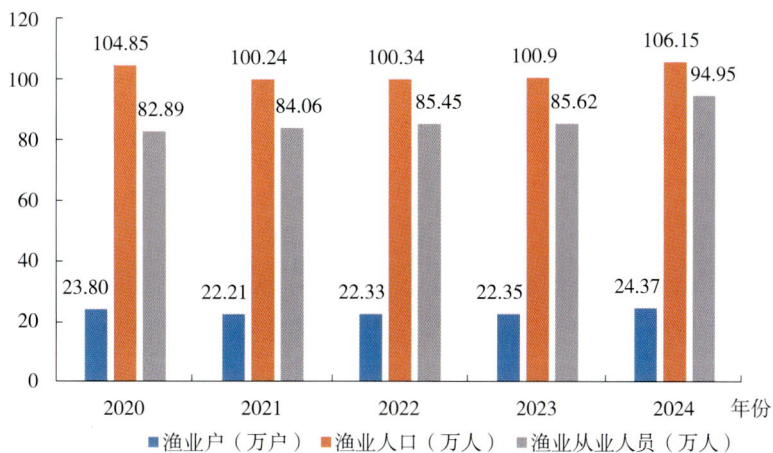

图 13　2020—2024 年渔业户、渔业人口及渔业从业人员

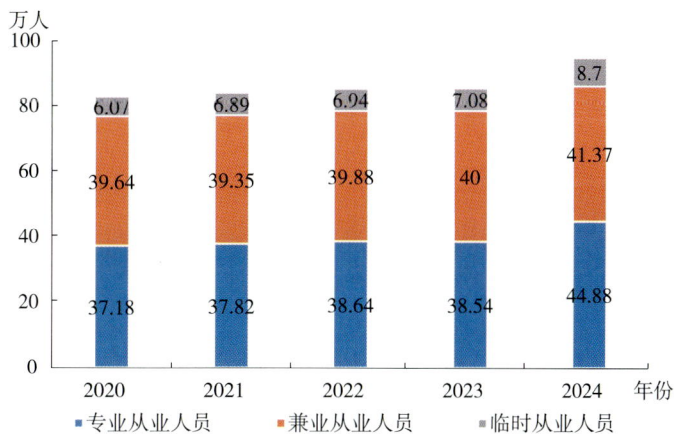

图 14　2020—2024 年渔业从业人员构成

目　录

编者说明

2024 年湖南省渔业统计情况综述
2020—2024 年主要渔业统计指标图

第一部分　全省渔业统计主要指标 ·· 1

1-1　全省渔业经济总产值（按当年价格计算） ············· 3

1-2　全省水产品总产量 ··· 4

1-3　全省水产养殖产量 ··· 5

1-4　全省鱼类养殖产量（部分品种） ························· 6

1-5　全省水产养殖面积（按水域和养殖方式分） ········· 7

1-6　全省主要水产苗种生产 ······································ 7

1-7　全省水产加工情况 ··· 8

1-8　全省渔业船舶年末拥有量 ··································· 9

1-9　全省渔业人口与从业人员 ··································· 10

1-10　样本县渔民家庭人均纯收入 ····························· 11

1-11　样本县渔民家庭人均可支配收入 ······················ 11

第二部分　市（州）渔业统计主要指标 ···························· 13

2-1　各市（州）渔业经济总产值（按当年价格计算） ········· 15

2-2　各市（州）渔业分项产值（按当年价格计算）（一） ···· 16

2-3　各市（州）渔业分项产值（按当年价格计算）（二） ···· 17

2-4　各市（州）渔业分项产值（按当年价格计算）（三） ···· 18

2-5　各市（州）水产品产量 ······································· 19

2-6　各市（州）养殖产量（按水域分） ······················ 20

2-7　各市（州）养殖产量（按品种分） ······················ 21

2-8 各市（州）大宗淡水鱼类养殖产量 ⋯⋯⋯⋯⋯⋯⋯⋯⋯⋯⋯⋯⋯⋯ 22

2-9 各市（州）特色鱼类养殖产量（一） ⋯⋯⋯⋯⋯⋯⋯⋯⋯⋯⋯⋯⋯ 23

2-10 各市（州）特色鱼类养殖产量（二） ⋯⋯⋯⋯⋯⋯⋯⋯⋯⋯⋯⋯ 24

2-11 各市（州）甲壳类养殖产量 ⋯⋯⋯⋯⋯⋯⋯⋯⋯⋯⋯⋯⋯⋯⋯⋯ 25

2-12 各市（州）贝类及其他类养殖产量 ⋯⋯⋯⋯⋯⋯⋯⋯⋯⋯⋯⋯⋯ 26

2-13 各市（州）捕捞产量 ⋯⋯⋯⋯⋯⋯⋯⋯⋯⋯⋯⋯⋯⋯⋯⋯⋯⋯⋯ 27

2-14 各市（州）水产养殖面积 ⋯⋯⋯⋯⋯⋯⋯⋯⋯⋯⋯⋯⋯⋯⋯⋯⋯ 28

2-15 各市（州）集约化养殖面积及产量 ⋯⋯⋯⋯⋯⋯⋯⋯⋯⋯⋯⋯⋯ 29

2-16 各市（州）主要水产苗种生产 ⋯⋯⋯⋯⋯⋯⋯⋯⋯⋯⋯⋯⋯⋯⋯ 30

2-17 各市（州）水产加工企业基本情况 ⋯⋯⋯⋯⋯⋯⋯⋯⋯⋯⋯⋯⋯ 31

2-18 各市（州）水产品加工情况 ⋯⋯⋯⋯⋯⋯⋯⋯⋯⋯⋯⋯⋯⋯⋯⋯ 32

2-19 各市（州）年末渔船拥有量 ⋯⋯⋯⋯⋯⋯⋯⋯⋯⋯⋯⋯⋯⋯⋯⋯ 33

2-20 各市（州）年末机动渔船量（按船长分） ⋯⋯⋯⋯⋯⋯⋯⋯⋯⋯ 34

2-21 各市（州）年末机动渔船量（按类型分） ⋯⋯⋯⋯⋯⋯⋯⋯⋯⋯ 35

2-22 各市（州）渔业人口与从业人员（一） ⋯⋯⋯⋯⋯⋯⋯⋯⋯⋯⋯ 36

2-23 各市（州）渔业人口与从业人员（二） ⋯⋯⋯⋯⋯⋯⋯⋯⋯⋯⋯ 37

2-24 各市（州）渔业灾情 ⋯⋯⋯⋯⋯⋯⋯⋯⋯⋯⋯⋯⋯⋯⋯⋯⋯⋯⋯ 38

第三部分　县级渔业统计主要指标 ⋯⋯⋯⋯⋯⋯⋯⋯⋯⋯⋯⋯⋯⋯⋯⋯⋯⋯ 39

3-1 各县（区）渔业经济总产值（一） ⋯⋯⋯⋯⋯⋯⋯⋯⋯⋯⋯⋯⋯ 41

3-2 各县（区）渔业经济总产值（二） ⋯⋯⋯⋯⋯⋯⋯⋯⋯⋯⋯⋯⋯ 46

3-3 各县（区）渔业经济总产值（三） ⋯⋯⋯⋯⋯⋯⋯⋯⋯⋯⋯⋯⋯ 51

3-4 各县（区）渔业生产基本情况 ⋯⋯⋯⋯⋯⋯⋯⋯⋯⋯⋯⋯⋯⋯⋯ 56

3-5 各县（区）水产养殖产量（按品种分） ⋯⋯⋯⋯⋯⋯⋯⋯⋯⋯⋯ 61

3-6 各县（区）大宗淡水鱼类养殖产量 ⋯⋯⋯⋯⋯⋯⋯⋯⋯⋯⋯⋯⋯ 66

3-7 各县（区）主要特色鱼类养殖产量 ⋯⋯⋯⋯⋯⋯⋯⋯⋯⋯⋯⋯⋯ 71

3-8 各县（区）主要名优水产品养殖产量 ⋯⋯⋯⋯⋯⋯⋯⋯⋯⋯⋯⋯ 76

3-9 各县（区）水产养殖产量（按水域分） ⋯⋯⋯⋯⋯⋯⋯⋯⋯⋯⋯ 81

3-10 各县（区）水产养殖面积（按水域分） ⋯⋯⋯⋯⋯⋯⋯⋯⋯⋯ 86

3-11 各县（区）水产苗种生产 ⋯⋯⋯⋯⋯⋯⋯⋯⋯⋯⋯⋯⋯⋯⋯⋯ 91

3-12 各县（区）水产加工情况 ⋯⋯⋯⋯⋯⋯⋯⋯⋯⋯⋯⋯⋯⋯⋯⋯ 96

3-13 各县（区）渔业人口与从业人员 ⋯⋯⋯⋯⋯⋯⋯⋯⋯⋯⋯⋯⋯ 101

3-14 各县（区）渔业灾情 ⋯⋯⋯⋯⋯⋯⋯⋯⋯⋯⋯⋯⋯⋯⋯⋯⋯⋯ 106

第四部分　综合指标延伸数据 ⋯⋯⋯⋯⋯⋯⋯⋯⋯⋯⋯⋯⋯⋯⋯⋯⋯⋯⋯⋯ 111

4-1 综合指标延伸表（一） ⋯⋯⋯⋯⋯⋯⋯⋯⋯⋯⋯⋯⋯⋯⋯⋯⋯⋯ 113

4－2　综合指标延伸表（二）　··· 118

4－3　综合指标延伸表（三）　··· 123

第五部分　附录　·· 129

附录 1　渔业统计调查制度总说明　··· 130

附录 2　渔业统计指标解释　··· 132

第一部分

全省渔业统计主要指标

1-1 全省渔业经济总产值
（按当年价格计算）

单位：万元

指　　标	2024 年	2023 年	增减（±）	幅度（%）
渔业经济总产值	12 818 121.76	11 932 645.17	885 476.59	7.42
一、渔业	6 838 900.00	6 350 300.00	488 600.00	7.69
淡水捕捞	3 400.00	3 813.99	−413.99	−10.85
淡水养殖	6 835 500.00	6 346 486.01	489 013.99	7.71
水产苗种	405 056.53	389 575.97	15 480.56	3.97
二、渔业工业和建筑业	2 109 162.85	1 956 407.36	152 755.49	7.81
水产品加工	1 300 388.41	1 227 970.06	72 418.35	5.90
渔用机具制造	90 455.00	84 401.85	6 053.15	7.17
其中：渔船渔机修造	33 385.70	30 688.94	2 696.76	8.79
渔用绳网制造	57 069.30	53 712.91	3 356.39	6.25
渔用饲料	468 192.19	439 142.07	29 050.12	6.62
渔用药物	40 385.16	39 148.28	1 236.88	3.16
建筑	196 134.79	156 400.49	39 734.30	25.41
其他	13 607.30	9 344.61	4 262.69	45.62
三、渔业流通和服务业	3 870 058.91	3 625 937.81	244 121.10	6.73
水产流通	2 828 639.07	2 632 296.56	196 342.51	7.46
水产（仓储）运输	271 599.85	250 490.48	21 109.37	8.43
休闲渔业	408 432.73	394 579.96	13 852.77	3.51
其他	361 387.26	348 570.81	12 816.45	3.68

1－2 全省水产品总产量

单位：吨

指　标		2024 年	2023 年	增减（±）	幅度（%）
水产品总量		2 991 016	2 858 964	132 052	4.62
一、养殖产量		2 989 588	2 857 278	132 310	4.63
按养殖 品种分	鱼类	2 279 737	2 196 113	83 624	3.81
	甲壳类	515 396	490 097	25 299	5.16
	贝类	15 122	11 779	3 343	28.38
	其他类	179 333	159 289	20 044	12.58
按水域 类型分	池塘	2 044 047	1 936 287	107 760	5.57
	湖泊	52 986	55 202	−2 216	−4.01
	水库	235 071	221 686	13 385	6.04
	河沟	9 407	10 731	−1 324	−12.30
	稻田	594 091	579 784	14 307	2.47
	其他	53 986	53 588	398	0.74
养殖方式中	网箱	8 298	8 793	−495	−5.63
	工厂化	45 367	39 460	5 907	14.97
二、捕捞产量		1 428	1 686	−258	−15.30
鱼类		1 036	1 020	16	1.57
甲壳类		113	161	−48	−29.80
其中：虾		102	142	−40	−28.20
蟹		11	19	−8	−42.10
贝类		261	491	−230	−46.80
其他类		18	14	4	28.57

1-3 全省水产养殖产量

单位：吨

指　　标	2024 年	2023 年	增减（±）	幅度（%）
水产养殖产量	2 989 588	2 857 278	132 310	4.63
一、鱼类	2 279 737	2 196 113	83 624	3.81
二、甲壳类	515 396	490 097	25 299	5.16
虾	506 313	481 987	24 326	5.05
其中：罗氏沼虾	5 612	3 093	2 519	81.44
青虾	2 353	1 982	371	18.72
克氏原螯虾	482 246	461 495	20 751	4.50
南美白对虾	8 999	8 118	881	10.85
蟹（河蟹）	9 083	8 110	973	12.00
三、贝类	15 122	11 779	3 343	28.38
其中：河蚌	6 717	4 445	2 272	51.11
螺	7 398	6 318	1 080	17.09
蚬	100	101	−1	−0.99
四、其他类	179 333	159 289	20 044	12.58
其中：龟	5 347	4 710	637	13.52
鳖	123 183	110 451	12 732	11.53
蛙	47 520	40 437	7 083	17.52
五、珍珠（千克）	3 119	116	3 003	2 588.79
六、观赏鱼（万尾）	14 385 577	15 413 108	−1 027 531	−6.67

1-4 全省鱼类养殖产量（部分品种）

单位：吨

指 标	2024 年	2023 年	增减（±）	幅度（%）
青 鱼	93 512	90 923	2 589	2.85
草 鱼	645 466	655 795	−10 329	−1.58
鲢 鱼	328 032	335 761	−7 729	−2.30
鳙 鱼	325 350	319 762	5 588	1.75
鲤 鱼	160 852	162 372	−1 520	−0.94
卿 鱼	229 070	228 956	114	0.05
鳊 鲂	87 836	88 241	−405	−0.46
泥 鳅	16 837	17 565	−728	−4.14
鲇 鱼	27 132	23 492	3 640	15.49
鲴 鱼	22 743	18 405	4 338	23.57
黄 颡 鱼	47 258	37 880	9 378	24.76
鲑 鱼	18	15	3	20.00
鳟 鱼	1 178	791	387	48.93
短盖巨脂鲤	8	1	7	700.00
长 吻 鮠	516	325	191	58.77
黄 鳝	22 765	30 968	−8 203	−26.49
鳜 鱼	58 852	37 553	21 299	56.72
银 鱼	966	86	880	1 023.26
鲈 鱼	62 661	44 149	18 512	41.93
乌 鳢	32 482	31 140	1 342	4.31
罗 非 鱼	1 590	799	791	99.00
鲟 鱼	12 033	6 907	5 126	74.21
鳗 鲡	3 120	2 518	602	23.91

1-5　全省水产养殖面积
（按水域和养殖方式分）

单位：公顷

指　　标		2024 年	2023 年	增减（±）	幅度（%）
水产养殖面积		455 445	452 170	3 275	0.72
按水域类型分	池塘	274 939	274 368	571	0.21
	湖泊	62 395	62 187	208	0.33
	水库	105 356	103 050	2 306	2.24
	河沟及其他	12 755	12 565	190	1.51
稻田综合种养面积 （不计入水产养殖面积）		357 968	362 582	−4 614	−1.27
养殖方式中	网箱（米²）	2 016 395	2 431 830	−415 435	−17.08
	工厂化（米³）	1 999 239	1 825 813	173 426	9.50

1-6　全省主要水产苗种生产

指　　标	计量单位	2024 年	2023 年	增减（±）	幅度（%）
淡水鱼苗	亿尾	799.67	733.17	66.50	9.07
淡水鱼种	吨	471 917.00	455 249.00	16 668.00	3.66
投放鱼种	吨	517 061.00	486 862.00	30 199.00	6.20
扣蟹	千克	38 358.00	18 100.00	20 258.00	111.92
稚鳖	万只	13 638.44	10 000.65	3 637.79	36.38
稚龟	万只	1 433.15	1 412.40	20.75	1.47
虾类育苗	亿尾	110.54	104.15	6.39	6.14

1-7 全省水产加工情况

指 标	计量单位	2024 年	2023 年	增减（±）	幅度（%）
一、水产加工企业	个	326	318	8	2.52
水产加工能力	吨/年	877 816	805 600	72 216	8.96
其中：规模以上加工企业	个	129	120	9	7.50
二、水产品冷库	座	584	485	99	20.41
冻结能力	吨/日	90 740	80 043	10 697	13.36
冷藏能力	吨/次	224 800	205 010	19 790	9.65
制冰能力	吨/日	12 983	12 499	484	3.87
三、淡水产品加工总量	吨	544 754	510 259	34 495	6.76
水产冷冻品	吨	360 176	347 990	12 186	3.50
其中：冷冻品	吨	219 396	214 110	5 286	2.47
冷冻加工品	吨	140 780	133 880	6 900	5.15
鱼糜制品及干腌制品	吨	137 034	119 146	17 888	15.01
其中：鱼糜制品	吨	28 698	26 860	1 838	6.84
干腌制品	吨	108 336	92 286	16 050	17.39
藻类加工品	吨	2 310	2 315	−5	−0.22
罐制品	吨	15 943	13 254	2 689	20.29
鱼粉	吨	22 667	20 980	1 687	8.04
鱼油制品	吨	13	12	1	8.33
其他水产加工品	吨	6 611	6 562	49	0.75
其中：助剂和添加剂	吨	947	929	18	1.94
四、用于加工的水产品量	吨	716 307	644 583	71 724	11.13
五、部分水产品年加工量	吨	132 134	127 984	4 150	3.24
其中：对虾	吨	285	293	−8	−2.73
克氏原螯虾	吨	131 748	127 090	4 658	3.67
罗非鱼	吨	21	51	−30	−58.82
斑点叉尾鲴	吨	80	550	−470	−85.45

1-8 全省渔业船舶年末拥有量

指 标		2024 年	2023 年	增减（±）	幅度（%）
机动渔船数量（艘）	机动渔船数量	8 947	9 161	−214	−2.34
	生产渔船	8 515	8 768	−253	−2.89
	辅助渔船	432	393	39	9.92
	其中：渔业执法船	270	279	−9	−3.23
	按船长分 24 米（含）以上	15	13	2	15.38
	12（含）～24 米	658	575	83	14.43
	12 米以下	8 274	8 573	−299	−3.49
非机动渔船数量（艘）		6 371	6 321	50	0.79
机动渔船总吨（吨）	机动渔船总吨	16 710	16 744	−34	−0.20
	生产渔船	13 474	13 769	−295	−2.14
	辅助渔船	3 236	2 975	261	8.77
	其中：渔业执法船	2 666	2 436	230	9.44
	按船长分 24（含）米以上	1 133	916	217	23.69
	12（含）～24 米	1 523	1 512	11	0.73
	12 米以下	14 054	14 316	−262	−1.83
非机动渔船总吨（吨）		3 852	3 999	−147	−3.68
机动渔船功率（千瓦）	机动渔船功率	53 630	55 096	−1 466	−2.66
	生产渔船	28 537	30 452	−1 915	−6.29
	辅助渔船	25 093	24 644	449	1.82
	其中：渔业执法船	20 605	20 183	422	2.09
	按船长分 24（含）米以上	2 011	1 996	15	0.75
	12（含）～24 米	12 776	12 246	530	4.33
	12 米以下	38 843	40 854	−2 011	−4.92

1-9 全省渔业人口与从业人员

指 标	计量单位	2024 年	2023 年	增减（±）	幅度（%）
渔业乡	个	22	23	-1	-4.35
渔业村	个	239	306	-67	-21.90
渔业户	户	243 675	223 465	20 210	9.04
渔业人口	人	1 061 486	1 008 977	52 509	5.20
其中：传统渔民	人	105 031	108 737	-3 706	-3.41
渔业从业人员	人	949 500	856 217	93 283	10.89
1. 专业从业人员	人	448 833	385 412	63 421	16.46
其中：女性	人	77 422	81 352	-3 930	-4.83
（1）养殖	人	413 126	351 183	61 943	17.64
（2）其他	人	35 707	34 229	1 478	4.32
2. 兼业从业人员	人	413 653	400 007	13 646	3.41
其中：女性	人	89 196	87 050	2 146	2.47
3. 临时从业人员	人	87 014	70 798	16 216	22.90
其中：女性	人	20 931	13 986	6 945	49.66

1-10　样本县渔民家庭人均纯收入

单位：元

地　区	2024 年	2023 年	增减（±）	幅度（%）
全省平均	23 048.92	22 523.03	525.89	2.33
宁乡市	31 425.85	31 329.72	96.13	0.31
湘阴县	27 765.20	23 535.62	4 229.58	17.97
衡南县	17 203.81	16 140.31	1 063.50	6.59
祁东县	28 782.50	26 791.41	1 991.09	7.43
祁阳市	30 522.74	29 150.30	1 372.44	4.71
南　县	17 186.76	16 648.73	538.03	3.23
桃源县	13 978.74	13 350.54	628.20	4.71
澧　县	22 625.91	21 686.88	939.03	4.33
汉寿县	17 580.96	22 605.57	−5 024.61	−22.23

1-11　样本县渔民家庭人均可支配收入

单位：元

地　区	2024 年	2023 年	增减（±）	幅度（%）
全省平均	23 007.85	21 824.91	1 182.94	5.42
宁乡市	30 501.54	30 240.69	260.85	0.86
湘阴县	24 837.09	20 281.17	4 555.92	22.46
衡南县	18 278.95	17 063.73	1 215.22	7.12
祁东县	28 506.11	26 551.90	1 954.21	7.36
祁阳市	29 799.35	29 129.92	669.43	2.30
南　县	21 518.81	18 363.15	3 155.66	17.18
桃源县	14 167.02	13 534.79	632.23	4.67
澧　县	21 067.36	17 342.04	3 725.32	21.48
汉寿县	16 609.92	21 621.72	−5 011.80	−23.18

第二部分

市（州）渔业统计主要指标

2-1 各市（州）渔业经济总产值
（按当年价格计算）

单位：万元

地　区	2024 年		2023 年		2024 年比 2023 年增减（±）	
	渔业经济总产值	其中：渔业产值	渔业经济总产值	其中：渔业产值	渔业经济总产值	其中：渔业产值
全省总计	13 300 366	7 321 144	12 479 574	6 896 541	820 792	424 603
长 沙 市	569 328	329 282	525 399	296 486	43 929	32 796
株 洲 市	294 139	217 870	283 219	209 672	10 920	8 198
湘 潭 市	280 711	222 714	269 465	212 485	11 246	10 229
衡 阳 市	1 042 107	786 873	998 986	752 703	43 121	34 170
邵 阳 市	346 146	237 337	331 118	229 584	15 028	7 753
岳 阳 市	2 958 085	1 734 371	2 859 473	1 661 000	98 612	73 371
常 德 市	3 409 244	1 592 199	3 133 740	1 437 517	275 504	154 682
张家界市	132 516	38 896	126 475	37 594	6 041	1 302
益 阳 市	2 537 945	1 019 315	2 338 350	947 773	199 595	71 542
郴 州 市	329 495	210 126	314 695	207 428	14 800	2 698
永 州 市	820 305	544 320	737 080	532 462	83 225	11 858
怀 化 市	217 667	162 949	220 694	166 544	−3 027	−3 595
娄 底 市	326 687	198 309	306 525	179 763	20 162	18 546
湘西自治州	35 991	26 583	34 355	25 531	1 636	1 052

2-2 各市（州）渔业分项产值
（按当年价格计算）（一）

单位：万元

地 区	渔业经济总产值	一、渔业产值（不包含水产苗种产值）			
		合 计	内陆捕捞	内陆养殖	水产苗种
全省总计	13 300 366	7 321 144	3 043	7 318 101	405 057
长 沙 市	569 328	329 282	0	329 282	26 971
株 洲 市	294 139	217 870	0	217 870	10 871
湘 潭 市	280 711	222 714	0	222 714	6 296
衡 阳 市	1 042 107	786 873	0	786 873	36 532
邵 阳 市	346 146	237 337	666	236 671	18 132
岳 阳 市	2 958 085	1 734 371	0	1 734 371	50 432
常 德 市	3 409 244	1 592 199	438	1 591 761	76 274
张家界市	132 516	38 896	0	38 896	1 403
益 阳 市	2 537 945	1 019 315	0	1 019 315	65 896
郴 州 市	329 495	210 126	0	210 126	22 486
永 州 市	820 305	544 320	1 462	542 858	34 656
怀 化 市	217 667	162 949	137	162 812	16 690
娄 底 市	326 687	198 309	0	198 309	37 155
湘西自治州	35 991	26 583	340	26 243	1 262

2-3 各市（州）渔业分项产值
（按当年价格计算）（二）

单位：万元

地　区	二、渔业工业和建筑业						
	合　计	水产品加工	渔用机具制造			渔用饲料	渔用药物
			小　计	渔船渔机修造	渔用绳网制造		
全省总计	2 109 163	1 300 388	90 455	33 386	57 069	468 192	40 385
长 沙 市	49 170	16 530	469	417	52	13 112	2 089
株 洲 市	12 224	1 517	0	0	0	2 542	335
湘 潭 市	7 279	3 723	59	20	39	57	31
衡 阳 市	30 355	15 376	107	53	55	10 357	2 138
邵 阳 市	12 490	3 265	2	0	2	1 575	276
岳 阳 市	482 467	353 614	972	579	394	111 513	1 056
常 德 市	470 100	283 729	1 517	951	566	130 771	8 187
张家界市	57 620	9 152	0	0	0	41 893	0
益 阳 市	755 232	502 961	80 651	27 600	53 051	119 100	9 810
郴 州 市	41 221	32 371	174	108	66	2 737	71
永 州 市	119 146	36 568	95	30	65	22 532	8 980
怀 化 市	15 443	11 852	139	119	20	2 889	234
娄 底 市	55 088	28 793	6 266	3 508	2 758	9 109	7 176
湘西自治州	1 327	938	4	2	2	5	3

2-4 各市（州）渔业分项产值
（按当年价格计算）（三）

单位：万元

地 区	二、渔业工业和建筑业（续）		三、渔业流通和服务业				
	建筑	其他	合 计	水产流通	水产（仓储）运输	休闲渔业	其他
全省总计	196 135	13 607	3 870 059	2 828 639	271 600	408 433	361 387
长 沙 市	16 946	25	190 876	139 151	4 134	42 489	5 102
株 洲 市	7 167	663	64 046	48 183	3 974	11 625	264
湘 潭 市	3 019	390	50 717	25 174	2 396	23 126	21
衡 阳 市	2 213	163	224 880	213 410	2 862	6 397	2 211
邵 阳 市	7 141	231	96 319	71 699	8 142	14 220	2 258
岳 阳 市	10 967	4 345	741 247	419 622	59 774	159 105	102 746
常 德 市	44 791	1 107	1 346 944	1 259 405	31 392	55 257	891
张家界市	6 575	0	36 000	31 718	904	3 377	0
益 阳 市	41 810	900	763 398	371 909	121 196	32 134	238 160
郴 州 市	5 833	35	78 148	46 541	4 309	27 281	17
永 州 市	45 858	5 113	156 838	124 271	18 639	7 169	6 760
怀 化 市	213	117	39 275	26 138	3 022	9 853	261
娄 底 市	3 328	416	73 290	48 350	10 049	12 433	2 459
湘西自治州	274	103	8 081	3 068	808	3 966	238

2-5 各市（州）水产品产量

单位：吨

地 区	2024 年			2023 年			2024 年比 2023 年增减（±）		
	总产量	养殖产量	捕捞产量	总产量	养殖产量	捕捞产量	总产量	养殖产量	捕捞产量
全省总计	2 991 016	2 989 588	1 428	2 858 964	2 857 278	1 686	132 052	132 310	−258
长 沙 市	136 000	136 000	0	129 612	129 610	2	6 388	6 390	−2
株 洲 市	114 399	114 399	0	109 452	109 452	0	4 947	4 947	0
湘 潭 市	112 327	112 327	0	107 205	107 205	0	5 122	5 122	0
衡 阳 市	327 666	327 666	0	312 325	312 296	29	15 341	15 370	−29
邵 阳 市	110 425	110 198	227	106 274	106 055	219	4 151	4 143	8
岳 阳 市	598 472	598 472	0	573 594	573 594	0	24 878	24 878	0
常 德 市	535 078	534 804	274	510 571	510 148	423	24 507	24 656	−149
张家界市	9 108	9 108	0	8 754	8 754	0	354	354	0
益 阳 市	505 505	505 505	0	481 746	481 746	0	23 759	23 759	0
郴 州 市	122 697	122 697	0	118 722	118 722	0	3 975	3 975	0
永 州 市	214 204	213 812	392	204 405	203 901	504	9 799	9 911	−112
怀 化 市	86 860	86 435	425	83 139	82 709	430	3 721	3 726	−5
娄 底 市	101 568	101 568	0	97 185	97 185	0	4 383	4 383	0
湘西自治州	16 707	16 597	110	15 980	15 901	79	727	696	31

2-6 各市（州）养殖产量（按水域分）

单位：吨

地 区	合 计	池塘	湖泊	水库	河沟及其他	稻田
全省总计	2 989 588	2 044 047	52 986	235 071	63 393	594 091
长 沙 市	136 000	106 118	955	7 207	4 077	17 643
株 洲 市	114 399	80 744	0	27 569	2 026	4 060
湘 潭 市	112 327	94 930	0	2 370	286	14 741
衡 阳 市	327 666	257 172	0	44 365	6 601	19 528
邵 阳 市	110 198	80 832	0	16 324	4 057	8 985
岳 阳 市	598 472	416 064	22 752	5 570	6 365	147 721
常 德 市	534 804	402 085	20 762	22 503	9 543	79 911
张家界市	9 108	5 559	0	1 680	1 302	567
益 阳 市	505 505	254 880	8 517	5 123	2 693	234 292
郴 州 市	122 697	76 422	0	23 223	15 021	8 031
永 州 市	213 812	150 473	0	35 980	2 714	24 645
怀 化 市	86 435	41 271	0	29 089	4 253	11 822
娄 底 市	101 568	73 088	0	9 366	1 343	17 771
湘西自治州	16 597	4 409	0	4 702	3 112	4 374

2-7 各市（州）养殖产量（按品种分）

单位：吨

地 区	合 计	鱼类	甲壳类	贝类	其他类	珍珠（千克）	观赏鱼（条）
全省总计	2 989 588	2 279 737	515 396	15 122	179 333	3 119	14 385 577
长 沙 市	136 000	115 052	15 760	1 652	3 536	0	759 170
株 洲 市	114 399	110 444	2 089	220	1 646	0	17 060
湘 潭 市	112 327	100 378	8 750	491	2 708	0	2 601 680
衡 阳 市	327 666	294 028	11 189	3 921	18 528	0	179 833
邵 阳 市	110 198	104 513	1 877	478	3 330	0	112 065
岳 阳 市	598 472	438 191	153 283	618	6 380	3 000	919 614
常 德 市	534 804	343 147	79 340	1 138	111 179	0	19 650
张家界市	9 108	7 681	174	0	1 253	0	19 800
益 阳 市	505 505	261 539	231 819	57	12 090	0	9 036 780
郴 州 市	122 697	113 612	1 492	2 496	5 097	0	179 799
永 州 市	213 812	198 634	4 952	2 424	7 802	0	70 830
怀 化 市	86 435	80 004	1 459	764	4 208	0	214 000
娄 底 市	101 568	96 870	2 929	852	917	119	241 796
湘西自治州	16 597	15 644	283	11	659	0	13 500

2-8 各市（州）大宗淡水鱼类养殖产量

单位：吨

地 区	合 计	青鱼	草鱼	鲢鱼	鳙鱼	鲤鱼	鲫鱼	鳊鲂
全省总计	1 870 118	93 512	645 466	328 032	325 350	160 852	229 070	87 836
长沙市	101 008	9 040	32 059	24 668	19 021	3 660	8 804	3 756
株洲市	83 701	4 064	41 494	13 814	16 736	3 684	2 973	936
湘潭市	83 097	7 660	29 926	16 486	8 227	6 158	9 655	4 985
衡阳市	223 344	7 117	102 041	38 552	40 550	17 994	11 915	5 175
邵阳市	96 984	3 253	39 122	18 829	15 500	12 031	6 113	2 136
岳阳市	315 066	19 431	69 598	41 101	49 086	13 744	105 845	16 261
常德市	288 824	15 695	94 435	50 491	56 467	26 754	27 142	17 840
张家界市	5 844	338	1 387	1 072	2 077	660	194	116
益阳市	230 698	6 034	78 282	51 232	27 322	14 959	33 906	18 963
郴州市	85 650	1 450	24 356	19 854	21 516	8 725	5 271	4 478
永州市	176 273	11 800	71 524	26 467	28 910	19 386	10 206	7 980
怀化市	74 286	2 898	20 749	10 882	17 916	16 738	3 261	1 842
娄底市	91 867	4 171	37 926	12 652	19 601	11 146	3 216	3 155
湘西自治州	13 476	561	2 567	1 932	2 421	5 213	569	213

2-9 各市（州）特色鱼类养殖产量（一）

单位：吨

地 区	合 计	泥鳅	鲇鱼	鲴鱼	黄颡鱼	鲑鱼	鳟鱼	短盖巨脂鲤	长吻鮠
全省总计	409 619	16 837	27 132	22 743	47 258	18	1 178	8	516
长 沙 市	14 044	161	1 005	953	1 574	0	0	0	0
株 洲 市	26 743	395	785	2 139	1 278	0	179	0	0
湘 潭 市	17 281	238	174	209	430	0	0	0	0
衡 阳 市	70 684	3 740	2 458	834	3 240	0	13	7	214
邵 阳 市	7 529	2 016	554	445	322	0	0	0	0
岳 阳 市	123 125	1 069	15 789	4 927	17 506	0	0	0	35
常 德 市	54 323	1 750	1 403	313	13 714	0	0	0	220
张家界市	1 837	10	133	128	126	0	50	0	0
益 阳 市	30 841	2 037	537	3 023	3 901	0	0	0	0
郴 州 市	27 962	1 833	1 669	2 649	1 674	3	850	1	0
永 州 市	22 361	1 591	2 056	3 520	2 061	0	15	0	47
怀 化 市	5 718	834	328	2 842	398	0	0	0	0
娄 底 市	5 003	1 016	186	280	997	0	0	0	0
湘西自治州	2 168	147	55	481	37	15	71	0	0

2-10 各市（州）特色鱼类养殖产量（二）

单位：吨

地　区	合　计（续）								
	黄鳝	鳜鱼	银鱼	鲈鱼	乌鳢	罗非鱼	鲟鱼	鳗鲡	其他
全省总计	22 765	58 852	966	62 661	32 482	1 590	12 033	3 120	99 460
长沙市	49	2 471	0	2 900	329	362	762	0	3 478
株洲市	0	737	20	147	36	0	996	880	19 151
湘潭市	82	524	0	276	16	0	0	0	15 332
衡阳市	550	26 550	0	8 921	780	843	1 761	0	20 773
邵阳市	122	286	0	91	67	19	395	0	3 212
岳阳市	12 290	6 373	0	32 956	17 041	0	60	280	14 799
常德市	4 020	14 181	865	7 770	3 242	0	0	565	6 280
张家界市	0	26	0	27	2	0	300	0	1 035
益阳市	4 697	4 097	0	3 802	8 576	0	1	170	0
郴州市	275	673	0	1 459	1 247	319	7 129	705	7 476
永州市	587	2 648	39	2 870	1 049	10	93	520	5 255
怀化市	0	73	0	237	64	2	12	0	928
娄底市	69	190	39	1 028	23	33	45	0	1 097
湘西自治州	24	23	3	177	10	2	479	0	644

2-11 各市（州）甲壳类养殖产量

单位：吨

地　区	甲壳类小计	虾类小计	其　中				河蟹
			罗氏沼虾	青虾	克氏原鳌虾	南美白对虾	
全省总计	515 396	506 313	5 612	2 353	482 246	8 999	9 083
长 沙 市	15 760	15 709	959	57	14 434	159	51
株 洲 市	2 089	2 089	284	30	1 382	73	0
湘 潭 市	8 750	8 575	264	451	7 431	50	175
衡 阳 市	11 189	10 928	1 500	0	6 638	30	261
邵 阳 市	1 877	1 840	5	103	1 502	17	37
岳 阳 市	153 283	150 639	3	90	148 772	120	2 644
常 德 市	79 340	78 590	2 369	285	67 898	8 038	750
张家界市	174	174	0	0	146	25	0
益 阳 市	231 819	227 410	51	20	226 495	0	4 409
郴 州 市	1 492	1 485	82	198	947	176	7
永 州 市	4 952	4 507	19	409	3 864	13	445
怀 化 市	1 459	1 274	67	64	579	159	185
娄 底 市	2 929	2 819	0	637	1 940	102	110
湘西自治州	283	274	9	9	218	37	9

2-12 各市（州）贝类及其他类养殖产量

单位：吨

地 区	贝类小计	其 中			其他类小计	其 中		
		河蚌	螺	蚬		龟类	鳖类	蛙类
全省总计	15 122	6 717	7 398	100	179 333	5 347	123 183	47 520
长沙市	1 652	376	1 276	0	3 536	34	1 092	2 410
株洲市	220	36	32	0	1 646	17	105	1 302
湘潭市	491	215	11	0	2 708	0	2 130	551
衡阳市	3 921	2 911	1 010	0	18 528	570	7 081	10 777
邵阳市	478	119	353	0	3 330	30	428	2 780
岳阳市	618	337	230	9	6 380	207	1 732	3 701
常德市	1 138	509	569	60	111 179	2 546	104 316	4 317
张家界市	0	0	0	0	1 253	0	53	555
益阳市	57	22	35	0	12 090	1 824	5 551	4 714
郴州市	2 496	696	1 503	11	5 097	7	76	4 989
永州市	2 424	1 040	1 363	20	7 802	86	234	6 231
怀化市	764	211	553	0	4 208	12	145	3 950
娄底市	852	245	452	0	917	9	199	662
湘西自治州	11	0	11	0	659	5	41	581

2-13 各市（州）捕捞产量

单位：吨

地区	捕捞产量	鱼类	虾	蟹	贝类	其他
全省总计	1 428	1 036	102	11	261	18
长沙市	0	0	0	0	0	0
株洲市	0	0	0	0	0	0
湘潭市	0	0	0	0	0	0
衡阳市	0	0	0	0	0	0
邵阳市	227	164	15	3	41	4
岳阳市	0	0	0	0	0	0
常德市	274	130	21	0	121	2
张家界市	0	0	0	0	0	0
益阳市	0	0	0	0	0	0
郴州市	0	0	0	0	0	0
永州市	392	227	59	5	97	4
怀化市	425	417	4	2	1	1
娄底市	0	0	0	0	0	0
湘西自治州	110	98	3	1	1	7

2-14 各市（州）水产养殖面积

单位：公顷

地　　区	水产养殖面积	池塘	湖泊	水库	河沟及其他	稻渔综合种养面积
全省总计	455 445	274 939	62 395	105 356	12 755	357 968
长 沙 市	21 569	15 217	1 550	4 520	282	8 727
株 洲 市	18 923	13 861	0	4 927	135	2 153
湘 潭 市	14 806	12 601	0	2 177	28	9 209
衡 阳 市	48 858	36 748	0	11 839	271	11 066
邵 阳 市	26 678	17 760	0	7 869	1 049	14 955
岳 阳 市	85 321	45 991	20 368	14 878	4 084	68 023
常 德 市	92 695	53 581	20 624	16 619	1 871	37 376
张家界市	2 202	1 033	0	1 120	49	441
益 阳 市	58 844	33 532	19 853	3 536	1 923	95 179
郴 州 市	28 010	10 420	0	17 403	187	17 678
永 州 市	28 490	19 264	0	8 620	606	33 601
怀 化 市	14 536	5 929	0	7 041	1 566	26 210
娄 底 市	10 846	8 086	0	2 373	387	22 974
湘西自治州	3 667	916	0	2 434	317	10 376

2-15 各市（州）集约化养殖面积及产量

地　　区	网箱养殖		工厂化养殖	
	面积（米^2）	产量（吨）	水体（米^3）	产量（吨）
全省总计	2 016 395	8 298	1 999 239	45 367
长 沙 市	2 200	120	90 989	3 836
株 洲 市	0	0	70 810	2 646
湘 潭 市	0	0	35 316	189
衡 阳 市	37 825	205	170 188	5 326
邵 阳 市	0	0	32 861	2 184
岳 阳 市	32 400	0	211 531	6 141
常 德 市	0	0	386 270	6 225
张家界市	0	0	292 419	1 011
益 阳 市	1 847 260	3 787	72 760	1 525
郴 州 市	87 930	4 036	324 501	11 746
永 州 市	0	0	137 717	2 213
怀 化 市	8 780	150	121 250	1 482
娄 底 市	0	0	29 182	453
湘西自治州	0	0	23 445	390

2-16 各市（州）主要水产苗种生产

地　区	淡水鱼苗（万尾）	培育鱼种（吨）	投放鱼种（吨）	培育扣蟹（千克）	孵化稚鳖（万只）	孵化稚龟（万只）
全省总计	7 996 744	471 917	517 061	38 358	13 638	1 433
长 沙 市	669 602	13 565	36 795	0	271	2
株 洲 市	94 751	16 075	20 846	0	20	3
湘 潭 市	581 150	20 135	35 465	0	9	0
衡 阳 市	2 581 647	44 257	52 706	0	542	127
邵 阳 市	164 353	29 910	32 468	0	76	3
岳 阳 市	1 100 434	60 372	87 993	20 000	283	58
常 德 市	1 360 550	145 413	98 295	0	11 139	842
张家界市	15 795	1 087	545	0	10	0
益 阳 市	404 158	60 223	49 477	18 358	1 227	275
郴 州 市	205 339	23 163	29 319	0	8	0
永 州 市	351 691	31 359	30 846	0	16	116
怀 化 市	184 787	14 912	15 182	0	14	0
娄 底 市	243 179	10 406	25 406	0	20	7
湘西自治州	39 309	1 040	1 719	0	2	0

2-17 各市（州）水产加工企业基本情况

地　区	水产加工企业			水产冷库			
	数量（个）	规模以上企业（个）	加工能力（吨/年）	库数（座）	冻结能力（吨/日）	冷藏能力（吨/次）	制冰能力（吨/日）
全省总计	326	129	877 816	584	90 740	224 800	12 983
长沙市	11	0	20 083	3	136	31 260	22
株洲市	8	0	218	0	0	0	0
湘潭市	11	1	467	0	0	0	0
衡阳市	16	3	20 539	42	560	248	13
邵阳市	3	2	3 508	6	55	60	100
岳阳市	61	35	148 289	186	3 316	12 577	962
常德市	51	25	178 680	107	21 782	29 042	10 162
张家界市	8	0	565	10	58	223	31
益阳市	85	29	461 500	171	63 363	148 492	751
郴州市	32	14	26 182	31	1 156	2 480	640
永州市	14	3	6 749	2	20	60	10
怀化市	14	7	6 516	7	83	146	61
娄底市	11	9	4 370	16	42	62	81
湘西自治州	1	1	150	3	169	150	150

2-18 各市（州）水产品加工情况

地 区	水产加工品总量（吨）	水产冷冻品	鱼糜及干腌制品	罐制品	鱼粉等水产饲料	其他水产加工品	用于加工的水产品总量（吨）
全省总计	544 754	360 176	137 034	15 943	22 667	8 934	716 307
长 沙 市	20 409	1 109	19 300	0	0	0	22 190
株 洲 市	365	0	365	0	0	0	338
湘 潭 市	369	0	369	0	0	0	1 102
衡 阳 市	20 137	16 342	2 991	110	0	694	22 451
邵 阳 市	2 259	165	576	8	1 500	10	989
岳 阳 市	157 014	106 329	28 985	350	21 080	270	225 119
常 德 市	105 304	87 533	11 812	404	0	5 555	117 745
张家界市	493	301	182	0	0	10	535
益 阳 市	212 294	143 899	53 898	12 142	87	2 268	273 734
郴 州 市	15 024	3 793	8 365	2 801	0	65	22 089
永 州 市	6 182	351	5 703	128	0	0	8 426
怀 化 市	2 384	250	2 134	0	0	0	17 845
娄 底 市	2 156	19	2 075	0	0	62	3 394
湘西自治州	364	85	279	0	0	0	350

2-19 各市（州）年末渔船拥有量

地 区	机动渔船				非机动渔船	
	数量小计 （艘）	其中：执法渔船	吨位 （总吨）	功率 （千瓦）	数量 （艘）	吨位 （总吨）
全省总计	8 947	270	16 710	53 630	6 371	3 852
长 沙 市	11	6	78	946	58	28
株 洲 市	69	2	137	535	0	0
湘 潭 市	10	10	26	609	0	0
衡 阳 市	130	21	190	1 670	0	0
邵 阳 市	15	12	148	1 306	0	0
岳 阳 市	1 983	43	5 641	15 725	4 701	2 460
常 德 市	5 627	17	7 968	15 264	84	80
张家界市	344	6	211	1 968	312	156
益 阳 市	241	48	812	5 885	372	242
郴 州 市	229	10	901	1 872	414	463
永 州 市	16	14	47	913	10	3
怀 化 市	213	39	318	3 929	420	420
娄 底 市	39	24	165	1 829	0	0
湘西自治州	20	18	68	1 179	0	0

2－20 各市（州）年末机动渔船量（按船长分）

地 区	24米（含）以上			12（含）～24米			12米以下		
	艘	总吨	千瓦	艘	总吨	千瓦	艘	总吨	千瓦
全省总计	15	1 133	2 011	658	1 523	12 776	8 274	14 054	38 843
长 沙 市	0	0	0	1	30	548	10	48	398
株 洲 市	0	0	0	0	0	0	69	137	535
湘 潭 市	0	0	0	1	8	309	9	18	300
衡 阳 市	2	0	15	11	27	365	117	163	1 290
邵 阳 市	1	55	310	6	58	562	8	35	434
岳 阳 市	7	700	350	543	784	5 452	1 433	4 157	9 923
常 德 市	2	217	161	36	231	1 017	5 589	7 520	14 086
张家界市	0	0	0	0	0	0	344	211	1 968
益 阳 市	3	147	1 175	27	183	1 547	211	482	3 163
郴 州 市	0	0	0	1	4	150	228	897	1 722
永 州 市	0	0	0	2	15	202	14	32	711
怀 化 市	0	14	0	18	77	1 347	195	227	2 582
娄 底 市	0	0	0	5	75	590	34	90	1 239
湘西自治州	0	0	0	7	31	687	13	37	492

2-21　各市（州）年末机动渔船量（按类型分）

地　区	生产渔船			辅助渔船			其中：执法渔船		
	艘	总吨	千瓦	艘	总吨	千瓦	艘	总吨	千瓦
全省总计	8 515	13 474	28 537	432	3 236	25 093	270	2 666	20 605
长 沙 市	5	5	15	6	73	931	6	73	931
株 洲 市	67	126	415	2	11	120	2	11	120
湘 潭 市	0	0	0	10	26	609	10	26	609
衡 阳 市	109	111	570	21	79	1 100	21	79	1 057
邵 阳 市	3	4	12	12	144	1 294	12	144	444
岳 阳 市	1 796	4 011	10 031	187	1 630	5 694	43	1 210	3 796
常 德 市	5 607	7 595	11 459	20	373	3 805	17	323	3 805
张家界市	338	180	1 465	6	31	503	6	31	503
益 阳 市	193	372	1 764	48	440	4 121	48	360	2 985
郴 州 市	214	863	1 200	15	38	672	10	20	492
永 州 市	0	0	0	16	47	913	14	47	825
怀 化 市	171	179	1 506	42	139	2 423	39	139	2 130
娄 底 市	12	28	100	27	137	1 729	24	137	1 729
湘西自治州	0	0	0	20	68	1 179	18	66	1 179

2－22 各市（州）渔业人口与从业人员（一）

地　区	渔业乡（个）	渔业村（个）	渔业户（户）	渔业人口（人）		渔业从业人员（人）
				小　计	其中：传统渔民	
全省总计	22	239	243 675	1 061 486	105 031	949 500
长 沙 市	0	0	13 650	71 621	3 466	61 364
株 洲 市	0	0	5 868	15 615	1 360	41 172
湘 潭 市	0	0	10 623	37 171	151	33 207
衡 阳 市	0	23	10 335	47 429	8 258	97 320
邵 阳 市	0	0	15 886	99 119	78	63 970
岳 阳 市	16	132	44 526	150 977	46 439	115 470
常 德 市	0	14	55 002	196 360	4 214	166 971
张家界市	0	0	81	283	0	4 066
益 阳 市	1	5	31 648	89 338	18 012	62 827
郴 州 市	5	39	32 645	133 651	16 182	82 625
永 州 市	0	15	11 539	138 227	496	139 214
怀 化 市	0	4	5 088	24 570	5 521	23 284
娄 底 市	0	6	5 030	50 641	0	46 935
湘西自治州	0	1	1 754	6 484	854	11 075

2-23 各市（州）渔业人口与从业人员（二）

地 区	渔业从业人员（人）（续）							
	1. 专业从业人员				2. 兼业从业人员		3. 临时从业人员	
	小 计	其中：女性	（1）养殖	（2）其他	小 计	其中：女性	小 计	其中：女性
全省总计	448 833	77 422	413 126	35 707	413 653	89 196	87 014	20 931
长沙市	25 849	5 200	25 389	460	30 354	3 646	5 161	823
株洲市	14 140	3 869	14 124	16	21 104	8 891	5 928	856
湘潭市	22 309	513	22 215	94	10 008	884	890	304
衡阳市	31 070	5 278	25 551	5 519	59 767	4 240	6 483	700
邵阳市	47 621	11 768	46 137	1 484	14 637	4 985	1 712	326
岳阳市	60 614	14 810	48 432	12 182	34 293	7 389	20 563	8 472
常德市	139 818	11 436	137 113	2 705	21 630	4 241	5 523	1 708
张家界市	2 299	728	2 219	80	1 386	5	381	58
益阳市	31 740	8 027	24 583	7 157	23 707	8 335	7 380	1 366
郴州市	30 530	4 351	29 350	1 180	42 821	4 303	9 274	1 382
永州市	17 488	3 286	16 556	932	108 112	28 999	13 614	1 948
怀化市	11 702	3 286	8 425	3 277	10 411	2 630	1 171	344
娄底市	12 344	4 659	11 967	377	30 330	9 905	4 261	1 931
湘西自治州	1 309	211	1 065	244	5 093	743	4 673	713

2-24 各市（州）渔业灾情

地 区	损毁面积（公顷）	水产品损失（吨）	直接损失（万元）	损毁渔业设施				
				池塘（公顷）	堤坝（米）	苗种场（个）	工厂化（座）	船损（艘）
全省总计	36 648	37 821	325 087	14 091	133 732	29	205	27
长 沙 市	72	146	122	0	0	0	0	0
株 洲 市	981	847	6 976	246	0	3	86	0
湘 潭 市	1 339	2 133	3 092	660	17 580	2	0	0
衡 阳 市	842	524	1 096	37	270	0	0	0
邵 阳 市	7 728	6 273	10 707	1 829	2 733	1	1	0
岳 阳 市	5 700	7 384	23 503	7 711	3 480	5	2	20
常 德 市	4 842	2 612	5 598	785	85	2	21	0
张家界市	1 214	25	62	0	0	0	0	0
益 阳 市	781	1 192	4 604	394	4 420	2	1	0
郴 州 市	9 596	13 142	260 528	1 580	100 306	5	86	7
永 州 市	928	1 174	2 943	151	1 388	2	2	0
怀 化 市	1 949	1 538	3 166	531	2 200	6	3	0
娄 底 市	503	657	1 713	164	1 200	0	3	0
湘西自治州	173	174	977	3	70	1	0	0

第三部分

县级渔业统计主要指标

3-1 各县（区）渔业经济总产值（一）

单位：万元

地　　区	渔业总产值	一、渔业产值				二、渔业工业和建筑业	
		小　计	捕捞	养殖	水产苗种	小　计	水产品加工
全省合计	13 300 366	7 321 144	3 043	7 318 101	405 057	2 109 163	1 300 388
长 沙 市	569 328	329 282	0	329 282	26 971	49 170	16 530
芙 蓉 区	0	0	0	0	0	0	0
天 心 区	4 299	2 361	0	2 361	117	106	0
岳 麓 区	37 094	22 568	0	22 568	1	0	0
开 福 区	16 955	3 005	0	3 005	1 655	300	0
雨 花 区	7 813	3 215	0	3 215	0	6	6
望 城 区	210 271	108 158	0	108 158	1 100	17 528	12 500
长 沙 县	54 816	39 500	0	39 500	8	1 025	269
宁 乡 市	124 534	84 725	0	84 725	8 890	24 304	255
浏 阳 市	113 547	65 750	0	65 750	15 200	5 902	3 500
株 洲 市	294 139	217 870	0	217 870	10 871	12 224	1 517
荷 塘 区	12 284	8 857	0	8 857	0	105	87
芦 淞 区	8 746	6 296	0	6 296	0	166	0
石 峰 区	10 921	6 684	0	6 684	0	156	0
天 元 区	13 342	10 236	0	10 236	45	72	0
渌 口 区	31 400	26 500	0	26 500	152	400	355
攸 　 县	83 247	57 500	0	57 500	3 890	3 985	128
茶 陵 县	55 806	39 570	0	39 570	6 535	6 531	360
炎 陵 县	4 241	3 226	0	3 226	0	165	0
醴 陵 市	74 153	59 001	0	59 001	249	644	587
湘 潭 市	280 711	222 714	0	222 714	6 296	7 279	3 723
雨 湖 区	25 327	19 448	0	19 448	362	102	70
岳 塘 区	6 986	5 398	0	5 398	0	9	0
湘 潭 县	118 448	99 650	0	99 650	2 240	2 818	288
湘 乡 市	122 990	91 605	0	91 605	3 694	4 350	3 365
韶 山 市	6 960	6 613	0	6 613	0	0	0

3-1 续表1

地　区	渔业总产值	一、渔业产值				二、渔业工业和建筑业	
		小　计	捕捞	养殖	水产苗种	小　计	水产品加工
衡 阳 市	**1 042 107**	**786 873**	**0**	**786 873**	**36 532**	**30 355**	**15 376**
珠 晖 区	12 733	10 500	0	10 500	78	122	0
雁 峰 区	9 190	7 571	0	7 571	0	13	2
石 鼓 区	8 014	6 080	0	6 080	38	22	8
蒸 湘 区	16 546	11 532	0	11 532	0	1 039	12
南 岳 区	1 419	1 111	0	1 111	55	14	0
衡 阳 县	233 892	166 412	0	166 412	9 994	14 812	10 201
衡 南 县	153 703	123 554	0	123 554	1 563	2 054	465
衡 山 县	81 379	59 229	0	59 229	6 828	2 313	1 766
衡 东 县	83 087	66 625	0	66 625	3 983	1 559	150
祁 东 县	171 280	121 586	0	121 586	13 106	2 935	1 640
耒 阳 市	149 109	118 525	0	118 525	0	2 559	722
常 宁 市	121 755	94 148	0	94 148	887	2 913	410
邵 阳 市	**346 146**	**237 337**	**666**	**236 671**	**18 132**	**12 490**	**3 265**
双 清 区	3 027	2 956	0	2 956	0	71	0
大 祥 区	6 575	5 652	0	5 652	30	500	0
北 塔 区	4 106	2 624	0	2 624	0	612	0
邵 东 市	100 875	63 705	0	63 705	4 829	5 148	2 102
新 邵 县	24 194	13 980	0	13 980	2 240	0	0
邵 阳 县	41 072	24 082	0	24 082	98	1 950	0
隆 回 县	49 831	38 800	0	38 800	205	737	85
洞 口 县	57 817	41 573	85	41 488	6 213	625	0
绥 宁 县	7 651	5 680	0	5 680	136	1 139	740
新 宁 县	19 523	11 462	0	11 462	2 693	271	0
城步自治县	2 068	1 740	0	1 740	65	70	0
武 冈 市	29 407	25 083	581	24 502	1 623	1 367	338
岳 阳 市	**2 958 085**	**1 734 371**	**0**	**1 734 371**	**50 432**	**482 467**	**353 614**
岳阳楼区	403 967	25 201	0	25 201	71	120 035	67 540
云 溪 区	64 169	41 415	0	41 415	2 622	2 180	0

3-1 续表2

地 区	渔业总产值	一、渔业产值				二、渔业工业和建筑业	
		小 计	捕捞	养殖	水产苗种	小 计	水产品加工
君 山 区	298 537	179 589	0	179 589	2 980	87 773	75 890
岳 阳 县	170 629	143 442	0	143 442	13 998	17 338	5 030
华 容 县	766 503	474 266	0	474 266	12 581	117 187	116 832
湘 阴 县	791 871	587 891	0	587 891	12 820	88 490	66 250
平 江 县	42 431	27 705	0	27 705	230	4 342	3 978
汨 罗 市	91 556	69 216	0	69 216	240	12 255	8 454
临 湘 市	252 762	135 047	0	135 047	3 080	10 205	8 490
屈原管理区	75 661	50 599	0	50 599	1 810	22 662	1 150
常 德 市	**3 409 244**	**1 592 199**	**438**	**1 591 761**	**76 274**	**470 100**	**283 729**
武 陵 区	89 552	57 159	0	57 159	1 730	21 985	21 985
鼎 城 区	644 299	265 000	0	265 000	7 890	73 784	71 890
安 乡 县	514 988	219 040	0	219 040	26 920	158 033	53 970
汉 寿 县	1 156 547	616 561	0	616 561	26 115	93 218	48 252
澧 县	725 582	245 592	438	245 154	8 820	104 030	75 300
临 澧 县	72 016	60 530	0	60 530	3 530	5 169	2 260
桃 源 县	83 725	63 000	0	63 000	570	5 815	3 700
石 门 县	21 115	12 795	0	12 795	200	220	220
津 市 市	101 420	52 522	0	52 522	499	7 847	6 152
张家界市	**132 516**	**38 896**	**0**	**38 896**	**1 403**	**57 620**	**9 152**
永 定 区	23 654	7 067	0	7 067	0	4 980	4 980
武陵源区	1 121	807	0	807	0	0	0
慈 利 县	92 880	18 621	0	18 621	1 331	50 767	3 891
桑 植 县	14 861	12 401	0	12 401	72	1 873	281
益 阳 市	**2 537 945**	**1 019 315**	**0**	**1 019 315**	**65 896**	**755 232**	**502 961**
资 阳 区	209 516	81 012	0	81 012	4 264	94 460	64 380
赫 山 区	296 292	85 442	0	85 442	6 000	174 450	168 000
南 县	849 015	350 698	0	350 698	13 910	183 949	148 118
桃 江 县	37 246	21 600	0	21 600	111	9 393	8 230
安 化 县	42 953	26 255	0	26 255	1 232	13 915	12 684

3-1 续表3

地 区	渔业总产值	一、渔业产值				二、渔业工业和建筑业	
		小 计	捕捞	养殖	水产苗种	小 计	水产品加工
沅 江 市	954 830	387 000	0	387 000	38 200	242 000	65 000
大通湖区	148 093	67 308	0	67 308	2 179	37 065	36 549
郴 州 市	329 495	210 126	0	210 126	22 486	41 221	32 371
北 湖 区	12 352	7 680	0	7 680	0	218	218
苏 仙 区	40 252	24 252	0	24 252	7 000	6 000	3 000
桂 阳 县	36 470	28 680	0	28 680	1 250	2 730	2 730
宜 章 县	19 968	9 956	0	9 956	2 578	1 750	1 750
永 兴 县	56 002	38 553	0	38 553	3 365	354	201
嘉 禾 县	9 339	5 624	0	5 624	381	1 118	1 020
临 武 县	21 654	6 806	0	6 806	2 126	8 113	6 315
汝 城 县	2 956	2 020	0	2 020	99	216	0
桂 东 县	1 172	710	0	710	35	90	0
安 仁 县	19 830	14 680	0	14 680	0	600	100
资 兴 市	109 500	71 165	0	71 165	5 652	20 032	17 037
永 州 市	820 305	544 320	1 462	542 858	34 656	119 146	36 568
零 陵 区	66 160	51 229	300	50 929	2 160	10 386	2 800
冷水滩区	107 372	66 006	509	65 497	634	27 064	0
祁 阳 市	216 759	154 750	0	154 750	3 090	27 155	16 472
东 安 县	143 614	63 980	460	63 520	6 470	6 674	2 585
双 牌 县	13 039	11 714	0	11 714	293	925	438
道 县	120 542	88 720	0	88 720	4 254	18 810	6 969
江 永 县	14 868	12 627	17	12 610	741	340	18
宁 远 县	79 688	67 408	0	67 408	13 125	8 512	6 209
蓝 山 县	11 129	5 304	0	5 304	483	5 037	472
新 田 县	32 580	10 390	0	10 390	1 922	12 816	0
江华自治县	9 063	8 009	166	7 843	926	684	540
金洞管理区	4 676	3 500	10	3 490	102	730	65
回龙圩管理区	814	683	0	683	457	14	0
怀 化 市	217 667	162 949	137	162 812	16 690	15 443	11 852

3-1 续表4

地 区	渔业总产值	一、渔业产值				二、渔业工业和建筑业	
		小 计	捕捞	养殖	水产苗种	小 计	水产品加工
鹤 城 区	19 475	8 938	24	8 914	880	742	235
中 方 县	13 458	11 785	0	11 785	305	115	0
沅 陵 县	52 738	41 060	0	41 060	3 362	9 452	9 061
辰 溪 县	19 019	15 689	0	15 689	2 096	300	300
溆 浦 县	25 210	22 470	0	22 470	5 500	236	236
会 同 县	371	0	0	0	68	77	22
麻阳自治县	13 144	11 988	0	11 988	1 505	44	0
新晃自治县	1 721	1 550	0	1 550	0	2	2
芷江自治县	17 513	14 853	0	14 853	212	2 081	112
靖州自治县	14 016	11 778	40	11 738	950	508	149
通道自治县	11 541	8 223	18	8 206	302	1 722	1 672
洪 江 市	28 234	13 500	0	13 500	1 310	165	65
洪 江 区	1 227	1 115	55	1 060	200	0	0
娄 底 市	**326 687**	**198 309**	**0**	**198 309**	**37 155**	**55 088**	**28 793**
娄 星 区	40 689	18 890	0	18 890	1 712	7 955	7 622
双 峰 县	78 140	58 766	0	58 766	229	695	323
新 化 县	125 470	GG 170	0	GG 170	20 300	42 430	17 500
冷水江市	13 838	10 325	0	10 325	0	235	0
涟 源 市	65 752	43 260	0	43 260	13 996	3 683	3 348
经济开发区	2 798	898	0	898	918	90	0
湘西自治州	**35 991**	**26 583**	**340**	**26 243**	**1 262**	**1 327**	**938**
吉 首 市	6 482	3 829	0	3 829	250	10	6
泸 溪 县	4 054	3 059	14	3 045	210	0	0
凤 凰 县	2 266	1 865	0	1 865	0	69	8
花 垣 县	4 343	3 520	0	3 520	53	599	582
保 靖 县	3 984	3 109	179	2 930	192	85	0
古 丈 县	3 226	2 205	0	2 205	85	342	342
永 顺 县	6 461	4 644	69	4 575	269	78	0
龙 山 县	5 175	4 352	78	4 274	203	144	0

3-2 各县（区）渔业经济总产值（二）

单位：万元

地　　区	二、渔业工业和建筑业						
	渔用机具制造	渔船渔机修造	渔用绳网制造	渔用饲料	渔用药物	建筑	其他
全省合计	90 455	33 386	57 069	468 192	40 385	196 135	13 607
长 沙 市	469	417	52	13 112	2 089	16 946	25
芙 蓉 区	0	0	0	0	0	0	0
天 心 区	0	0	0	0	0	106	0
岳 麓 区	0	0	0	0	0	0	0
开 福 区	0	0	0	0	0	300	0
雨 花 区	0	0	0	0	0	0	0
望 城 区	0	0	0	0	0	5 028	0
长 沙 县	0	0	0	17	387	352	0
宁 乡 县	17	17	0	12 135	1 252	10 620	25
浏 阳 市	452	400	52	960	450	540	0
株 洲 市	0	0	0	2 542	335	7 167	663
荷 塘 区	0	0	0	12	0	0	6
芦 淞 区	0	0	0	0	0	133	33
石 峰 区	0	0	0	0	0	109	47
天 元 区	0	0	0	0	0	71	1
渌 口 区	0	0	0	0	0	45	0
攸 　 县	0	0	0	2 410	325	650	472
茶 陵 县	0	0	0	0	0	6 083	88
炎 陵 县	0	0	0	120	10	32	3
醴 陵 市	0	0	0	0	0	44	13
湘 潭 市	59	20	39	57	31	3 019	390
雨 湖 区	0	0	0	0	0	32	0
岳 塘 区	0	0	0	2	1	3	3
湘 潭 县	15	10	5	55	30	2 430	0
湘 乡 市	44	10	34	0	0	554	387
韶 山 市	0	0	0	0	0	0	0

3-2 续表1

地　区	二、渔业工业和建筑业						
	渔用机具制造	渔船渔机修造	渔用绳网制造	渔用饲料	渔用药物	建筑	其他
衡 阳 市	**107**	**53**	**55**	**10 357**	**2 138**	**2 213**	**163**
珠 晖 区	0	0	0	37	34	49	2
雁 峰 区	0	0	0	3	2	5	1
石 鼓 区	0	0	0	7	3	2	1
蒸 湘 区	0	0	0	753	44	230	0
南 岳 区	0	0	0	7	3	4	0
衡 阳 县	3	2	2	3 871	340	368	29
衡 南 县	0	0	0	1 113	221	237	18
衡 山 县	0	0	0	174	83	254	36
衡 东 县	9	9	0	805	240	350	5
祁 东 县	0	0	0	949	187	159	0
耒 阳 市	32	0	32	918	621	225	41
常 宁 市	63	42	21	1 720	360	330	30
邵 阳 市	**2**	**0**	**2**	**1 575**	**276**	**7 141**	**231**
双 清 区	0	0	0	0	0	45	26
大 祥 区	0	0	0	0	0	500	0
北 塔 区	0	0	0	98	28	486	0
邵 东 市	0	0	0	551	235	2 068	192
新 邵 县	0	0	0	0	0	0	0
邵 阳 县	0	0	0	0	0	1 950	0
隆 回 县	0	0	0	0	0	652	0
洞 口 县	0	0	0	0	0	625	0
绥 宁 县	0	0	0	0	0	386	13
新 宁 县	0	0	0	0	0	271	0
城步自治县	0	0	0	0	0	70	0
武 冈 市	2	0	2	926	13	88	0
岳 阳 市	**972**	**579**	**394**	**111 513**	**1 056**	**10 967**	**4 345**
岳阳楼区	79	65	14	52 310	63	0	43
云 溪 区	14	14	0	0	0	1 379	787

3-2 续表2

地　　区	二、渔业工业和建筑业						
	渔用机具制造	渔船渔机修造	渔用绳网制造	渔用饲料	渔用药物	建筑	其他
君 山 区	75	70	5	11 570	48	160	30
岳 阳 县	371	371	0	6 140	217	3 780	1 800
华 容 县	57	22	34	78	14	120	87
湘 阴 县	335	0	335	15 605	0	5 020	1 280
平 江 县	0	0	0	0	0	226	138
汨 罗 市	21	15	6	3 595	25	0	160
临 湘 市	0	0	0	820	655	240	0
屈原管理区	21	21	0	21 395	34	42	20
常 德 市	**1 517**	**951**	**566**	**130 771**	**8 187**	**44 791**	**1 107**
武 陵 区	0	0	0	0	0	0	0
鼎 城 区	1 011	630	381	0	0	705	178
安 乡 县	301	176	125	95 084	7 918	760	0
汉 寿 县	0	0	0	27 044	0	17 011	911
澧　　县	0	0	0	5 840	0	22 890	0
临 澧 县	7	4	3	23	17	2 860	3
桃 源 县	0	0	0	1 950	100	50	15
石 门 县	0	0	0	0	0	0	0
津 市 市	198	141	57	830	152	515	0
张家界市	**0**	**0**	**0**	**41 893**	**0**	**6 575**	**0**
永 定 区	0	0	0	0	0	0	0
武陵源区	0	0	0	0	0	0	0
慈 利 县	0	0	0	41 893	0	4 983	0
桑 植 县	0	0	0	0	0	1 592	0
益 阳 市	**80 651**	**27 600**	**53 051**	**119 100**	**9 810**	**41 810**	**900**
资 阳 区	0	70	0	25 170	0	4 910	0
赫 山 区	0	0	0	3 550	410	2 490	0
南　　县	251	0	251	32 380	0	3 200	0
桃 江 县	0	0	0	0	0	1 163	0
安 化 县	0	0	0	0	0	1 231	0

地　　区	二、渔业工业和建筑业						
	渔用机具制造	渔船渔机修造	渔用绳网制造	渔用饲料	渔用药物	建筑	其他
沅 江 市	80 400	27 600	52 800	58 000	9 400	28 300	900
大通湖区	0	0	0	0	0	516	0
郴 州 市	**174**	**108**	**66**	**2 737**	**71**	**5 833**	**35**
北 湖 区	0	0	0	0	0	0	0
苏 仙 区	22	4	18	1 770	8	1 200	0
桂 阳 县	0	0	0	0	0	0	0
宜 章 县	0	0	0	0	0	0	0
永 兴 县	0	0	0	92	46	10	5
嘉 禾 县	0	0	0	0	0	98	0
临 武 县	152	104	48	458	0	1 188	0
汝 城 县	0	0	0	32	6	178	0
桂 东 县	0	0	0	0	0	60	30
安 仁 县	0	0	0	385	11	104	0
资 兴 市	0	0	0	0	0	2 995	0
永 州 市	**95**	**30**	**65**	**22 532**	**8 980**	**45 858**	**5 113**
零 陵 区	36	30	6	1 500	0	6 000	50
冷水滩区	0	0	0	7 315	8 430	10 990	329
祁 阳 市	0	0	0	1 480	0	8 680	523
东 安 县	0	0	0	0	0	4 089	0
双 牌 县	0	0	0	0	0	467	20
道 　 县	56	0	56	264	171	8 600	2 750
江 永 县	0	0	0	0	0	322	0
宁 远 县	0	0	0	722	322	941	318
蓝 山 县	3	0	3	11	11	4 540	0
新 田 县	0	0	0	11 000	0	816	1 000
江华自治县	0	0	0	50	44	50	0
金洞管理区	0	0	0	190	2	350	123
回龙圩管理区	0	0	0	0	0	14	0
怀 化 市	**139**	**119**	**20**	**2 889**	**234**	**213**	**117**

3-2 续表4

地　　区	二、渔业工业和建筑业						
	渔用机具制造	渔船渔机修造	渔用绳网制造	渔用饲料	渔用药物	建筑	其他
鹤城区	0	0	0	465	42	0	0
中方县	30	10	20	45	40	0	0
沅陵县	92	92	0	252	0	0	47
辰溪县	0	0	0	0	0	0	0
溆浦县	0	0	0	0	0	0	0
会同县	0	0	0	0	0	56	0
麻阳自治县	17	17	0	0	0	27	0
新晃自治县	0	0	0	0	0	0	0
芷江自治县	0	0	0	1 876	93	0	0
靖州自治县	0	0	0	251	58	0	50
通道自治县	0	0	0	0	0	30	20
洪江市	0	0	0	0	0	100	0
洪江区	0	0	0	0	0	0	0
娄底市	6 266	3 508	2 758	9 109	7 176	3 328	416
娄星区	0	0	0	0	0	333	0
双峰县	0	0	0	0	0	310	62
新化县	6 266	3 508	2 758	9 002	7 128	2 180	354
冷水江市	0	0	0	107	48	80	0
涟源市	0	0	0	0	0	335	0
经开区	0	0	0	0	0	90	0
湘西自治州	4	2	2	5	3	274	103
吉首市	4	2	2	0	0	0	0
泸溪县	0	0	0	0	0	0	0
凤凰县	0	0	0	5	3	30	23
花垣县	0	0	0	0	0	11	6
保靖县	0	0	0	0	0	85	0
古丈县	0	0	0	0	0	0	0
永顺县	0	0	0	0	0	78	0
龙山县	0	0	0	0	0	70	74

3-3 各县（区）渔业经济总产值（三）

单位：万元

地　区	三、渔业流通和服务业				
	小　计	水产流通	水产（仓储）运输	休闲渔业	其他
全省合计	3 870 059	2 828 639	271 600	408 433	361 387
长 沙 市	190 876	139 151	4 134	42 489	5 102
芙 蓉 区	0	0	0	0	0
天 心 区	1 832	337	3	1 492	0
岳 麓 区	14 526	12 060	0	2 466	0
开 福 区	13 650	2 760	0	10 890	0
雨 花 区	4 593	2 830	41	1 722	0
望 城 区	84 585	76 500	3 450	4 635	0
长 沙 县	14 291	3 114	38	11 139	0
宁 乡 市	15 505	7 550	83	7 820	52
浏 阳 市	41 895	34 000	520	2 325	5 050
株 洲 市	64 046	48 183	3 974	11 625	264
荷 塘 区	3 322	2 361	152	809	0
芦 淞 区	2 284	1 795	143	326	20
石 峰 区	4 081	1 570	102	2 392	17
天 元 区	3 034	2 344	87	602	1
渌 口 区	4 500	2 954	73	1 473	0
攸 　县	21 762	14 200	3 090	4 380	92
茶 陵 县	9 705	8 866	299	409	131
炎 陵 县	850	697	6	144	3
醴 陵 市	14 508	13 396	22	1 090	0
湘 潭 市	50 717	25 174	2 396	23 126	21
雨 湖 区	5 777	893	206	4 678	0
岳 塘 区	1 579	530	21	1 028	0
湘 潭 县	15 980	12 550	1 070	2 360	0
湘 乡 市	27 035	11 056	1 090	14 868	21
韶 山 市	346	145	9	192	0

3-3 续表1

地　　区	三、渔业流通和服务业				
	小　　计	水产流通	水产（仓储）运输	休闲渔业	其他
衡 阳 市	**224 880**	**213 410**	**2 862**	**6 397**	**2 211**
珠 晖 区	2 111	2 013	37	48	13
雁 峰 区	1 606	1 509	2	80	15
石 鼓 区	1 912	1 869	6	35	2
蒸 湘 区	3 975	3 634	213	128	0
南 岳 区	295	240	1	44	10
衡 阳 县	52 668	50 851	186	1 503	128
衡 南 县	28 095	26 212	401	1 122	360
衡 山 县	19 837	17 965	486	1 363	23
衡 东 县	14 903	13 605	138	780	380
祁 东 县	46 759	45 501	267	514	477
耒 阳 市	28 025	26 651	515	447	412
常 宁 市	24 694	23 360	610	334	390
邵 阳 市	**96 319**	**71 699**	**8 142**	**14 220**	**2 258**
双 清 区	0	0	0	0	0
大 祥 区	423	192	0	231	0
北 塔 区	870	219	146	505	0
邵 东 市	32 022	26 117	2 328	3 157	420
新 邵 县	10 214	8 120	946	1 090	58
邵 阳 县	15 040	12 860	900	1 280	0
隆 回 县	10 294	3 850	2 872	3 572	0
洞 口 县	15 619	12 511	0	2 112	996
绥 宁 县	832	316	0	516	0
新 宁 县	7 790	6 113	80	813	784
城步自治县	258	35	0	223	0
武 冈 市	2 957	1 366	870	721	0
岳 阳 市	**741 247**	**419 622**	**59 774**	**159 105**	**102 746**
岳阳楼区	258 731	256 420	910	1 390	11
云 溪 区	20 574	18 880	776	918	0

3-3 续表2

地 区	三、渔业流通和服务业				
	小 计	水产流通	水产（仓储）运输	休闲渔业	其他
君 山 区	31 175	22 000	415	8 710	50
岳 阳 县	9 849	2 510	368	6 410	561
华 容 县	175 050	29 184	34 555	10 485	100 827
湘 阴 县	115 490	75 150	20 330	20 010	0
平 江 县	10 384	6 588	0	3 668	128
汨 罗 市	10 085	5 680	1 780	1 455	1 170
临 湘 市	107 510	2 150	330	105 030	0
屈原管理区	2 400	1 060	310	1 030	0
常 德 市	**1 346 944**	**1 259 405**	**31 392**	**55 257**	**891**
武 陵 区	10 408	0	0	10 408	0
鼎 城 区	305 515	299 070	1 584	4 790	71
安 乡 县	137 915	132 550	915	4 450	0
汉 寿 县	446 768	434 633	6 158	5 978	0
澧 县	375 960	338 620	22 160	15 180	0
临 澧 县	6 317	3 050	102	3 165	0
桃 源 县	14 910	7 800	290	6 000	820
石 门 县	8 100	7 800	0	300	0
津 市 市	41 051	35 882	183	4 986	0
张家界市	**36 000**	**31 718**	**904**	**3 377**	**0**
永 定 区	11 607	11 009	0	598	0
武 陵 源 区	314	156	58	100	0
慈 利 县	23 492	20 195	785	2 512	0
桑 植 县	587	358	61	167	0
益 阳 市	**763 398**	**371 909**	**121 196**	**32 134**	**238 160**
资 阳 区	34 044	22 950	4 940	2 904	3 250
赫 山 区	36 400	33 392	1 220	1 788	0
南 县	314 368	99 573	76 346	16 754	121 695
桃 江 县	6 253	2 320	1 023	2 910	0
安 化 县	2 783	2 248	211	325	0

3-3 续表3

地　区	三、渔业流通和服务业				
	小　计	水产流通	水产（仓储）运输	休闲渔业	其他
沅 江 市	325 830	182 000	33 200	5 630	105 000
大 通 湖 区	43 720	29 426	4 256	1 823	8 215
郴 州 市	**78 148**	**46 541**	**4 309**	**27 281**	**17**
北 湖 区	4 454	1 480	980	1 994	0
苏 仙 区	10 000	6 850	290	2 860	0
桂 阳 县	5 060	3 727	44	1 289	0
宜 章 县	8 262	1 486	780	5 996	0
永 兴 县	17 095	16 314	68	708	5
嘉 禾 县	2 597	1 648	85	864	0
临 武 县	6 735	2 598	338	3 799	0
汝 城 县	720	612	15	93	0
桂 东 县	372	200	60	100	12
安 仁 县	4 550	4 016	19	515	0
资 兴 市	18 303	7 610	1 630	9 063	0
永 州 市	**156 838**	**124 271**	**18 639**	**7 169**	**6 760**
零 陵 区	4 545	2 000	2 220	290	35
冷 水 滩 区	14 302	10 555	2 569	679	499
祁 阳 市	34 854	28 192	5 416	996	250
东 安 县	72 960	64 353	1 620	2 087	4 900
双 牌 县	400	161	50	143	46
道　县	13 012	11 300	1 520	192	0
江 永 县	1 901	765	382	598	156
宁 远 县	3 768	2 388	320	732	328
蓝 山 县	789	153	0	122	514
新 田 县	9 374	4 025	4 323	1 026	0
江 华 自 治 县	370	143	69	158	0
金 洞 管 理 区	446	202	150	62	32
回 龙 圩 管 理 区	117	34	0	84	0
怀 化 市	**39 275**	**26 138**	**3 022**	**9 853**	**261**

3-3　续表4

地　　区	三、渔业流通和服务业				
	小　计	水产流通	水产（仓储）运输	休闲渔业	其他
鹤　城　区	9 795	9 040	0	755	0
中　方　县	1 558	150	0	1 408	0
沅　陵　县	2 226	367	89	1 638	132
辰　溪　县	3 030	1 270	870	880	10
溆　浦　县	2 505	197	1 432	876	0
会　同　县	294	185	0	109	0
麻阳自治县	1 112	230	0	882	0
新晃自治县	169	36	0	133	0
芷江自治县	579	232	38	309	0
靖州自治县	1 730	23	35	1 592	80
通道自治县	1 596	348	150	1 058	39
洪　江　市	14 569	13 980	376	213	0
洪　江　区	112	80	32	0	0
娄　底　市	**73 290**	**48 350**	**10 049**	**12 433**	**2 459**
娄　星　区	13 844	7 465	649	3 945	1 785
双　峰　县	18 679	14 362	785	3 370	162
新　化　县	16 870	6 925	6 650	3 134	161
冷水江市	3 278	2 540	59	679	0
涟　源　市	18 809	15 953	1 852	654	351
经济开发区	1 810	1 105	54	651	0
湘西自治州	**8 081**	**3 068**	**808**	**3 966**	**238**
吉　首　市	2 643	1 177	165	1 243	58
泸　溪　县	995	186	150	659	0
凤　凰　县	332	292	40	0	0
花　垣　县	224	46	8	168	2
保　靖　县	790	136	59	595	0
古　丈　县	679	80	23	576	0
永　顺　县	1 739	1 032	302	405	0
龙　山　县	679	119	61	320	178

3-4 各县（区）渔业生产基本情况

地　　区	水产品总产量（吨）	淡水捕捞	淡水养殖	淡水养殖面积（公顷）	渔业船舶拥有量		
					数量（艘）	总吨（吨）	功率（千瓦）
全省合计	2 991 016	1 428	2 989 588	455 445	8 947	16 710	53 630
长沙市	136 000	0	136 000	21 569	11	78	946
芙 蓉 区	0	0	0	0	0	0	0
天 心 区	1 598	0	1 598	170	0	0	0
岳 麓 区	11 339	0	11 339	1 140	0	0	0
开 福 区	1 980	0	1 980	360	0	0	0
雨 花 区	2 435	0	2 435	290	0	0	0
望 城 区	40 294	0	40 294	5 273	1	30	548
长 沙 县	16 316	0	16 316	2 983	1	8	103
宁 乡 县	36 100	0	36 100	7 200	5	5	15
浏 阳 市	25 938	0	25 938	4 153	4	35	280
株 洲 市	114 399	0	114 399	18 923	69	137	535
荷 塘 区	4 715	0	4 715	301	0	0	0
芦 淞 区	3 273	0	3 273	898	0	0	0
石 峰 区	3 571	0	3 571	419	0	0	0
天 元 区	5 462	0	5 462	718	0	0	0
渌 口 区	14 125	0	14 125	2 000	0	0	0
攸 县	29 960	0	29 960	6 974	1	8	105
茶 陵 县	20 540	0	20 540	2 733	68	129	430
炎 陵 县	1 643	0	1 643	416	0	0	0
醴 陵 市	31 110	0	31 110	4 464	0	0	0
湘 潭 市	112 327	0	112 327	14 806	10	26	609
雨 湖 区	9 724	0	9 724	1 527	0	0	0
岳 塘 区	2 702	0	2 702	469	0	0	0
湘 潭 县	50 367	0	50 367	5 354	3	13	253
湘 乡 市	46 135	0	46 135	6 411	7	13	356
韶 山 市	3 399	0	3 399	1 045	0	0	0

3-4 续表1

地 区	水产品总产量（吨）	淡水捕捞	淡水养殖	淡水养殖面积（公顷）	渔业船舶拥有量		
					数量（艘）	总吨（吨）	功率（千瓦）
衡 阳 市	327 666	0	327 666	48 858	130	190	1 670
珠 晖 区	4 173	0	4 173	548	0	0	0
雁 峰 区	2 988	0	2 988	297	0	0	0
石 鼓 区	2 494	0	2 494	348	0	0	0
蒸 湘 区	4 743	0	4 743	634	0	0	0
南 岳 区	463	0	463	92	0	0	0
衡 阳 县	70 132	0	70 132	10 444	22	34	71
衡 南 县	51 481	0	51 481	11 307	3	16	150
衡 山 县	24 819	0	24 819	3 121	3	15	235
衡 东 县	27 563	0	27 563	4 835	51	51	275
祁 东 县	50 781	0	50 781	6 439	2	11	247
耒 阳 市	49 019	0	49 019	5 533	0	0	0
常 宁 市	39 010	0	39 010	5 260	49	63	692
邵 阳 市	110 425	227	110 198	26 678	15	148	1 306
双 清 区	1 260	0	1 260	201	0	0	0
大 祥 区	2 850	0	2 850	422	0	0	0
北 塔 区	1 388	0	1 388	236	0	0	0
邵 东 市	28 666	0	28 666	7 397	0	0	0
新 邵 县	11 949	0	11 949	3 095	5	112	850
邵 阳 县	14 568	0	14 568	3 089	4	22	267
隆 回 县	12 284	0	12 284	2 849	1	1	45
洞 口 县	19 236	102	19 134	2 908	3	4	12
绥 宁 县	2 380	0	2 380	513	1	8	103
新 宁 县	6 881	0	6 881	2 526	0	0	0
城步自治县	940	0	940	672	1	1	29
武 冈 市	8 023	125	7 898	2 770	0	0	0
岳 阳 市	598 472	0	598 472	85 321	1 983	5 641	15 725
岳阳楼区	8 696	0	8 696	2 530	0	0	0
云 溪 区	14 291	0	14 291	3 884	42	53	378

3-4 续表2

地 区	水产品总产量（吨）	淡水捕捞	淡水养殖	淡水养殖面积（公顷）	渔业船舶拥有量		
					数量（艘）	总吨（吨）	功率（千瓦）
君 山 区	61 970	0	61 970	5 642	620	970	6 100
岳 阳 县	49 497	0	49 497	14 201	190	1 635	2 220
华 容 县	163 653	0	163 653	16 778	692	1 407	2 268
湘 阴 县	202 861	0	202 861	20 527	16	846	1 574
平 江 县	9 560	0	9 560	8 045	3	71	164
汨 罗 市	23 884	0	23 884	4 758	330	365	2 300
临 湘 市	46 600	0	46 600	6 770	90	294	721
屈原管理区	17 460	0	17 460	2 186	0	0	0
常 德 市	**535 078**	**274**	**534 804**	**92 695**	**5 627**	**7 968**	**15 264**
武 陵 区	31 282	0	31 282	4 397	71	86	370
鼎 城 区	70 046	0	70 046	16 440	0	0	0
安 乡 县	146 500	0	146 500	14 933	5 210	6 723	7 164
汉 寿 县	98 381	0	98 381	16 733	3	50	2 205
澧 县	81 939	274	81 665	13 321	4	264	468
临 澧 县	25 710	0	25 710	4 176	17	255	595
桃 源 县	37 450	0	37 450	7 897	1	8	103
石 门 县	12 265	0	12 265	5 350	33	150	492
津 市 市	31 505	0	31 505	9 448	288	432	3 867
张家界市	**9 108**	**0**	**9 108**	**2 202**	**344**	**211**	**1 968**
永 定 区	1 910	0	1 910	518	4	11	398
武陵源区	51	0	51	24	0	0	0
慈 利 县	6 242	0	6 242	1 435	340	200	1 570
桑 植 县	905	0	905	225	0	0	0
益 阳 市	**505 505**	**0**	**505 505**	**58 844**	**241**	**812**	**5 885**
资 阳 区	39 150	0	39 150	7 033	162	465	2 906
赫 山 区	34 850	0	34 850	9 811	38	136	1 473
南 县	170 810	0	170 810	10 151	4	50	330
桃 江 县	15 297	0	15 297	3 000	5	100	600
安 化 县	15 053	0	15 053	2 715	2	31	370

3-4 续表3

地　　区	水产品总产量（吨）	淡水捕捞	淡水养殖	淡水养殖面积（公顷）	渔业船舶拥有量		
					数量（艘）	总吨（吨）	功率（千瓦）
沅 江 市	184 335	0	184 335	14 000	30	30	206
大通湖区	46 010	0	46 010	12 134	0	0	0
郴 州 市	**122 697**	**0**	**122 697**	**28 010**	**229**	**901**	**1 872**
北 湖 区	3 285	0	3 285	332	1	1	29
苏 仙 区	15 600	0	15 600	2 100	60	180	431
桂 阳 县	14 690	0	14 690	2 831	3	18	180
宜 章 县	6 458	0	6 458	844	10	8	141
永 兴 县	25 171	0	25 171	4 043	1	2	30
嘉 禾 县	4 024	0	4 024	1 050	21	98	103
临 武 县	6 840	0	6 840	1 131	98	510	618
汝 城 县	1 213	0	1 213	577	7	30	30
桂 东 县	518	0	518	119	0	0	0
安 仁 县	8 708	0	8 708	1 333	28	54	310
资 兴 市	36 190	0	36 190	13 650	0	0	0
永 州 市	**214 204**	**392**	**213 812**	**28 490**	**16**	**47**	**913**
零 陵 区	17 941	50	17 891	2 800	3	9	205
冷水滩区	15 816	180	15 636	4 248	5	13	230
祁 阳 市	52 824	0	52 824	5 590	3	15	253
东 安 县	27 619	100	27 519	3 460	0	0	0
双 牌 县	8 518	0	8 518	1 822	0	0	0
道 　县	29 162	7	29 155	2 837	0	0	0
江 永 县	16 759	15	16 744	1 427	0	0	0
宁 远 县	27 236	0	27 236	2 370	2	0	88
蓝 山 县	3 175	0	3 175	605	0	0	0
新 田 县	8 006	0	8 006	1 770	0	0	0
江华自治县	5 323	35	5 288	891	3	10	137
金洞管理区	919	5	914	447	0	0	0
回龙圩管理区	906	0	906	223	0	0	0
怀 化 市	**86 860**	**425**	**86 435**	**14 536**	**213**	**318**	**3 929**

3－4　续表4

地　区	水产品总产量（吨）			淡水养殖面积（公顷）	渔业船舶拥有量		
		淡水捕捞	淡水养殖		数量（艘）	总吨（吨）	功率（千瓦）
鹤 城 区	4 392	12	4 380	430	3	12	163
中 方 县	6 777	3	6 774	1 398	0	0	0
沅 陵 县	17 692	366	17 326	3 387	2	20	240
辰 溪 县	9 550	0	9 550	861	5	19	293
溆 浦 县	11 539	0	11 539	1 235	4	18	264
会 同 县	3 979	2	3 977	484	32	32	280
麻阳自治县	3 758	0	3 758	933	0	0	0
新晃自治县	2 163	0	2 163	693	0	0	0
芷江自治县	9 837	0	9 837	1 227	51	56	514
靖州自治县	4 452	10	4 442	782	54	54	647
通道自治县	3 189	4	3 185	1 044	1	1	15
洪 江 市	9 000	0	9 000	2 025	54	66	1 241
洪 江 区	532	28	504	37	7	40	272
娄 底 市	**101 568**	**0**	**101 568**	**10 846**	**39**	**165**	**1 829**
娄 星 区	9 737	0	9 737	1 999	3	12	132
双 峰 县	30 132	0	30 132	3 031	12	28	100
新 化 县	33 942	0	33 942	3 166	15	75	900
冷水江市	5 322	0	5 322	627	4	28	400
涟 源 市	21 972	0	21 972	1 958	3	12	163
经 开 区	463	0	463	65	2	10	134
湘西自治州	**16 707**	**110**	**16 597**	**3 667**	**20**	**68**	**1 179**
吉 首 市	2 176	0	2 176	469	2	11	133
泸 溪 县	2 171	14	2 157	848	6	16	339
凤 凰 县	1 026	0	1 026	257	1	2	30
花 垣 县	2 304	0	2 304	210	2	5	121
保 靖 县	3 012	29	2 983	457	3	5	136
古 丈 县	625	0	625	153	3	16	162
永 顺 县	3 040	54	2 986	979	1	8	105
龙 山 县	2 353	13	2 340	294	2	5	153

3-5 各县（区）水产养殖产量
（按品种分）

单位：吨

地　区	合　计	鱼类	甲壳类	贝类	其他类	珍珠（千克）	观赏鱼（条）
全省合计	2 989 588	2 279 737	515 396	15 122	179 333	3 119	14 385 577
长沙市	136 000	115 052	15 760	1 652	3 536	0	759 170
芙蓉区	0	0	0	0	0	0	0
天心区	1 598	1 598	0	0	0	0	0
岳麓区	11 339	11 066	273	0	0	0	71 870
开福区	1 980	1 770	205	0	5	0	0
雨花区	2 435	2 430	0	0	5	0	0
望城区	40 294	27 726	11 568	0	1 000	0	0
长沙县	16 316	15 442	862	0	12	0	600 300
宁乡市	36 100	32 150	1 192	1 452	1 306	0	31 000
浏阳市	25 938	22 870	1 660	200	1 208	0	56 000
株洲市	114 399	110 444	2 089	220	1 646	0	17 060
荷塘区	4 715	4 715	0	0	0	0	0
芦淞区	3 273	3 273	0	0	0	0	0
石峰区	3 571	3 571	0	0	0	0	0
天元区	5 462	5 434	28	0	0	0	0
渌口区	14 125	12 824	1 134	0	167	0	0
攸县	29 960	28 520	260	220	960	0	14 500
茶陵县	20 540	20 173	331	0	36	0	0
炎陵县	1 643	1 593	38	0	12	0	2 560
醴陵市	31 110	30 341	298	0	471	0	0
湘潭市	112 327	100 378	8 750	491	2 708	0	2 601 680
雨湖区	9 724	9 658	54	0	12	0	1 800 900
岳塘区	2 702	2 652	20	0	30	0	215 000
湘潭县	50 367	42 719	5 560	0	2 088	0	533 300
湘乡市	46 135	42 128	3 036	486	485	0	52 480

3-5 续表1

地 区	合 计	鱼类	甲壳类	贝类	其他类	珍珠（千克）	观赏鱼（条）
韶 山 市	3 399	3 221	80	5	93	0	0
衡 阳 市	**327 666**	**294 028**	**11 189**	**3 921**	**18 528**	**0**	**179 833**
珠 晖 区	4 173	3 363	340	15	455	0	0
雁 峰 区	2 988	2 978	0	0	10	0	0
石 鼓 区	2 494	2 485	0	0	9	0	0
蒸 湘 区	4 743	4 643	0	0	100	0	0
南 岳 区	463	438	0	0	25	0	0
衡 阳 县	70 132	60 834	2 008	763	6 527	0	139 945
衡 南 县	51 481	46 885	2 167	476	1 953	0	0
衡 山 县	24 819	24 292	141	156	230	0	0
衡 东 县	27 563	24 690	900	125	1 848	0	9 000
祁 东 县	50 781	49 038	689	282	772	0	30 888
耒 阳 市	49 019	42 032	844	404	5 739	0	0
常 宁 市	39 010	32 350	4 100	1 700	860	0	0
邵 阳 市	**110 198**	**104 513**	**1 877**	**478**	**3 330**	**0**	**112 065**
双 清 区	1 260	1 184	58	0	18	0	0
大 祥 区	2 850	2 720	30	0	100	0	0
北 塔 区	1 388	1 380	3	0	5	0	0
邵 东 市	28 666	26 717	817	182	950	0	18 265
新 邵 县	11 949	11 211	410	3	325	0	0
邵 阳 县	14 568	14 142	210	68	148	0	67 800
隆 回 县	12 284	11 734	105	0	445	0	0
洞 口 县	19 134	17 845	106	203	980	0	0
绥 宁 县	2 380	2 103	39	19	219	0	0
新 宁 县	6 881	6 748	69	3	61	0	0
城 步 自 治 县	940	924	9	0	7	0	0
武 冈 市	7 898	7 805	21	0	72	0	26 000
岳 阳 市	**598 472**	**438 191**	**153 283**	**618**	**6 380**	**3 000**	**919 614**
岳 阳 楼 区	8 696	8 696	0	0	0	0	0

3－5　续表2

地　区	合　计	鱼类	甲壳类	贝类	其他类	珍珠（千克）	观赏鱼（条）
云 溪 区	14 291	11 590	2 648	3	50	0	0
君 山 区	61 970	28 212	33 610	14	134	0	0
岳 阳 县	49 497	42 290	6 825	85	297	0	137 000
华 容 县	163 653	109 345	52 983	129	1 196	0	650 516
湘 阴 县	202 861	187 201	14 758	153	749	0	7 500
平 江 县	9 560	9 006	548	0	6	0	468
汨 罗 市	23 884	20 042	3 770	15	57	0	0
临 湘 市	46 600	12 959	30 250	0	3 391	0	124 130
屈原管理区	17 460	8 850	7 891	219	500	3 000	0
常 德 市	**534 804**	**343 147**	**79 340**	**1 138**	**111 179**	**0**	**19 650**
武 陵 区	31 282	28 705	722	265	1 590	0	0
鼎 城 区	70 046	35 994	9 250	96	24 706	0	0
安 乡 县	146 500	104 127	21 390	0	20 983	0	14 120
汉 寿 县	98 381	30 675	16 748	345	50 613	0	0
澧　　县	81 665	49 564	23 199	32	8 870	0	0
临 澧 县	25 710	22 818	1 432	9	1 451	0	5 530
桃 源 县	37 450	32 031	2 750	0	2 669	0	0
石 门 县	12 265	12 031	160	0	74	0	0
津 市 市	31 505	27 202	3 689	391	223	0	0
张家界市	**9 108**	**7 681**	**174**	**0**	**1 253**	**0**	**19 800**
永 定 区	1 910	1 567	39	0	304	0	19 800
武陵源区	51	36	2	0	13	0	0
慈 利 县	6 242	5 499	132	0	611	0	0
桑 植 县	905	579	1	0	325	0	0
益 阳 市	**505 505**	**261 539**	**231 819**	**57**	**12 090**	**0**	**9 036 780**
资 阳 区	39 150	27 877	10 595	57	621	0	9 000 000
赫 山 区	34 850	23 237	7 820	0	3 793	0	0
南　　县	170 810	45 551	121 040	0	4 219	0	0
桃 江 县	15 297	12 403	1 402	0	1 492	0	36 780

3－5 续表3

地　　区	合　　计	鱼类	甲壳类	贝类	其他类	珍珠（千克）	观赏鱼（条）
安 化 县	15 053	14 599	124	0	330	0	0
沅 江 市	184 335	119 980	62 720	0	1 635	0	0
大通湖区	46 010	17 892	28 118	0	0	0	0
郴 州 市	**122 697**	**113 612**	**1 492**	**2 496**	**5 097**	**0**	**179 799**
北 湖 区	3 285	3 130	15	100	40	0	0
苏 仙 区	15 600	15 150	38	132	280	0	11 000
桂 阳 县	14 690	13 262	93	510	825	0	0
宜 章 县	6 458	6 377	6	68	7	0	58 600
永 兴 县	25 171	22 233	228	930	1 780	0	30 000
嘉 禾 县	4 024	3 887	64	51	22	0	999
临 武 县	6 840	5 744	569	258	269	0	78 800
汝 城 县	1 213	1 148	4	4	57	0	400
桂 东 县	518	501	0	0	17	0	0
安 仁 县	8 708	6 210	335	388	1 775	0	0
资 兴 市	36 190	35 970	140	55	25	0	0
永 州 市	**213 812**	**198 634**	**4 952**	**2 424**	**7 802**	**0**	**70 830**
零 陵 区	17 891	15 710	1 260	1	920	0	0
冷水滩区	15 636	14 881	289	16	450	0	0
祁 阳 市	52 824	49 973	2 462	354	35	0	5 200
东 安 县	27 519	26 771	65	0	683	0	50 630
双 牌 县	8 518	8 457	25	0	36	0	0
道 　 县	29 155	28 494	43	131	487	0	0
江 永 县	16 744	14 434	682	1 614	14	0	0
宁 远 县	27 236	23 142	5	106	3 983	0	0
蓝 山 县	3 175	3 089	37	15	34	0	0
新 田 县	8 006	7 815	16	90	85	0	0
江华自治县	5 288	4 071	61	91	1 065	0	15 000
金洞管理区	914	891	7	6	10	0	0
回龙圩管理区	906	906	0	0	0	0	0

3-5 续表4

地 区	合 计	鱼类	甲壳类	贝类	其他类	珍珠（千克）	观赏鱼（条）
怀 化 市	86 435	80 004	1 459	764	4 208	0	214 000
鹤 城 区	4 380	4 304	38	5	33	0	10 000
中 方 县	6 774	6 588	140	20	26	0	0
沅 陵 县	17 326	14 942	0	0	2 384	0	13 000
辰 溪 县	9 550	9 534	5	0	11	0	5 000
溆 浦 县	11 539	10 017	385	685	452	0	0
会 同 县	3 977	3 874	0	0	103	0	0
麻阳自治县	3 758	3 661	58	0	39	0	0
新晃自治县	2 163	2 163	0	0	0	0	0
芷江自治县	9 837	9 333	317	19	168	0	0
靖州自治县	4 442	3 789	428	2	223	0	0
通道自治县	3 185	2 627	56	33	469	0	136 000
洪 江 市	9 000	8 707	32	0	261	0	50 000
洪 江 区	504	465	0	0	39	0	0
娄 底 市	101 568	96 870	2 929	852	917	119	241 796
娄 星 区	9 737	9 238	178	238	83	0	50
双 峰 县	30 132	27 112	2 045	443	532	0	0
新 化 县	33 942	33 075	550	171	146	119	53 640
冷水江市	5 322	5 305	12	0	5	0	0
涟 源 市	21 972	21 698	123	0	151	0	188 106
经济开发区	463	442	21	0	0	0	0
湘西自治州	16 597	15 644	283	11	659	0	13 500
吉 首 市	2 176	1 931	24	0	221	0	0
泸 溪 县	2 157	1 642	165	0	350	0	0
凤 凰 县	1 026	1 022	2	0	2	0	0
花 垣 县	2 304	2 248	2	10	44	0	0
保 靖 县	2 983	2 976	1	1	5	0	1 500
古 丈 县	625	588	16	0	21	0	0
永 顺 县	2 986	2 965	7	0	14	0	0
龙 山 县	2 340	2 272	66	0	2	0	12 000

3-6 各县（区）大宗淡水鱼类养殖产量

单位：吨

地 区	合 计	青鱼	草鱼	鲢鱼	鳙鱼	鲤鱼	鲫鱼	鳊鲂
全省总计	1 870 118	93 512	645 466	328 032	325 350	160 852	229 070	87 836
长 沙 市	101 008	9 040	32 059	24 668	19 021	3 660	8 804	3 756
芙 蓉 区	0	0	0	0	0	0	0	0
天 心 区	1 220	83	265	381	203	85	94	109
岳 麓 区	10 494	834	5 181	1 975	2 006	99	271	128
开 福 区	1 734	265	759	275	185	30	145	75
雨 花 区	2 330	56	468	941	363	236	241	25
望 城 区	24 498	3 886	7 450	4 315	4 465	600	2 400	1 382
长 沙 县	15 311	283	5 322	5 475	3 633	90	241	267
宁 乡 县	26 544	2 053	8 227	7 406	3 906	270	3 762	920
浏 阳 市	18 877	1 580	4 387	3 900	4 260	2 250	1 650	850
株 洲 市	83 701	4 064	41 494	13 814	16 736	3 684	2 973	936
荷 塘 区	4 715	973	1 552	717	853	332	235	53
芦 淞 区	3 273	531	1 301	520	16	447	452	6
石 峰 区	3 571	377	1 675	985	64	198	272	0
天 元 区	5 064	1 355	1 661	913	247	299	446	143
渌 口 区	8 102	52	3 314	2 431	1 643	135	367	160
攸 县	19 472	152	9 200	3 560	4 280	1 400	560	320
茶 陵 县	19 155	375	9 130	1 491	6 969	617	349	224
炎 陵 县	987	6	530	190	121	75	55	10
醴 陵 市	19 362	243	13 131	3 007	2 543	181	237	20
湘 潭 市	83 097	7 660	29 926	16 486	8 227	6 158	9 655	4 985
雨 湖 区	9 550	1 264	2 098	1 518	1 383	35	3 220	32
岳 塘 区	2 545	265	578	767	405	183	240	107
湘 潭 县	42 529	1 140	13 199	9 980	4 770	5 100	4 660	3 680
湘 乡 市	25 427	4 786	12 753	3 525	1 322	775	1 314	952
韶 山 市	3 046	205	1 298	696	347	65	221	214

地　区	合　计	青鱼	草鱼	鲢鱼	鳙鱼	鲤鱼	鲫鱼	鳊鲂
衡 阳 市	223 344	7 117	102 041	38 552	40 550	17 994	11 915	5 175
珠 晖 区	2 753	48	1 025	910	423	150	147	50
雁 峰 区	2 978	240	1 964	717	57	0	0	0
石 鼓 区	1 971	108	774	298	367	259	90	75
蒸 湘 区	3 656	92	934	865	693	697	243	132
南 岳 区	356	28	188	13	12	33	53	29
衡 阳 县	42 097	1 108	16 155	7 325	10 014	3 007	3 057	1 431
衡 南 县	33 483	1 023	13 302	4 695	8 510	3 124	1 984	845
衡 山 县	15 918	41	8 145	2 210	1 548	2 517	1 385	72
衡 东 县	21 776	1 596	6 072	4 480	4 433	2 610	2 420	165
祁 东 县	40 598	1 902	19 770	6 425	6 628	3 185	1 303	1 385
耒 阳 市	31 656	257	22 600	3 596	4 297	402	403	101
常 宁 市	26 102	674	11 112	7 018	3 568	2 010	830	890
邵 阳 市	96 984	3 253	39 122	18 829	15 500	12 031	6 113	2 136
双 清 区	1 078	28	494	184	148	134	32	58
大 祥 区	2 710	196	722	949	365	306	145	27
北 塔 区	1 198	100	775	112	88	89	32	2
邵 东 市	25 942	750	11 301	4 681	5 740	2 063	1 257	150
新 邵 县	11 061	1 050	3 991	1 150	1 200	2 360	930	380
邵 阳 县	10 714	156	2 380	3 218	1 380	2 880	420	280
隆 回 县	11 485	95	5 376	2 307	1 394	1 072	1 100	141
洞 口 县	16 358	334	6 717	3 640	2 955	943	1 050	719
绥 宁 县	1 659	31	630	245	304	336	60	53
新 宁 县	6 709	389	2 842	1 228	931	874	238	207
城步自治县	749	31	190	62	184	144	85	53
武 冈 市	7 321	93	3 704	1 053	811	830	764	66
岳 阳 市	315 066	19 431	69 598	41 101	49 086	13 744	105 845	16 261
岳阳楼区	8 696	619	2 605	1 740	3 480	124	128	0
云 溪 区	10 553	445	2 457	2 696	1 198	913	2 619	225

3-6 续表2

地 区	合 计	青鱼	草鱼	鲢鱼	鳙鱼	鲤鱼	鲫鱼	鳊鲂
君 山 区	12 477	2 154	4 809	1 387	2 412	450	657	608
岳 阳 县	34 973	4 347	10 883	5 845	4 742	491	7 010	1 655
华 容 县	49 011	2 905	15 510	8 322	11 072	2 109	6 708	2 385
湘 阴 县	155 535	5 380	18 385	14 152	17 957	8 036	82 175	9 450
平 江 县	8 949	667	4 521	1 592	1 385	176	608	0
汨 罗 市	16 417	1 820	5 600	2 447	2 870	550	2 360	770
临 湘 市	10 440	660	2 560	2 270	2 550	650	1 120	630
屈原管理区	8 015	434	2 268	650	1 420	245	2 460	538
常 德 市	288 824	15 695	94 435	50 491	56 467	26 754	27 142	17 840
武 陵 区	23 939	912	11 697	0	6 430	1 755	1 498	1 647
鼎 城 区	30 764	1 064	10 300	8 140	5 380	1 710	2 010	2 160
安 乡 县	94 195	6 118	36 090	12 560	10 676	9 558	10 561	8 632
汉 寿 县	18 017	1 458	5 216	3 246	5 242	2 026	328	501
澧 县	36 269	1 560	13 875	5 998	3 616	3 375	5 360	2 485
临 澧 县	19 215	1 180	3 989	4 881	4 785	1 810	1 950	620
桃 源 县	29 495	1 705	5 600	7 650	7 550	3 500	2 950	540
石 门 县	11 786	570	1 815	3 018	6 108	130	140	5
津 市 市	25 144	1 128	5 853	4 998	6 680	2 890	2 345	1 250
张家界市	5 844	338	1 387	1 072	2 077	660	194	116
永 定 区	1 261	43	251	276	245	318	68	60
武陵源区	33	4	10	7	7	5	0	0
慈 利 县	3 974	259	812	691	1 723	308	126	55
桑 植 县	576	32	314	98	102	29	0	1
益 阳 市	230 698	6 034	78 282	51 232	27 322	14 959	33 906	18 963
资 阳 区	22 622	1 661	3 716	2 849	4 047	132	8 403	1 814
赫 山 区	19 871	1 490	4 290	4 210	3 821	810	4 100	1 150
南 县	42 817	571	14 883	9 837	4 664	2 610	6 184	4 068
桃 江 县	11 897	372	4 028	3 529	1 824	889	910	345
安 化 县	14 014	1 065	5 425	2 699	1 156	1 583	1 090	996

地　　区	合　　计	青鱼	草鱼	鲢鱼	鳙鱼	鲤鱼	鲫鱼	鳊鲂
沅 江 市	101 585	700	41 480	22 240	10 620	7 245	10 500	8 800
大通湖区	17 892	175	4 460	5 868	1 190	1 690	2 719	1 790
郴 州 市	**85 650**	**1 450**	**24 356**	**19 854**	**21 516**	**8 725**	**5 271**	**4 478**
北 湖 区	2 622	0	828	840	482	246	196	30
苏 仙 区	10 205	55	2 600	1 650	2 600	2 000	1 000	300
桂 阳 县	11 722	190	4 400	3 550	2 680	552	160	190
宜 章 县	5 239	101	1 563	1 162	1 500	614	265	34
永 兴 县	18 097	257	4 660	4 230	3 660	3 220	1 810	260
嘉 禾 县	3 088	64	852	865	864	245	146	52
临 武 县	4 442	96	1 370	104	1 622	999	251	0
汝 城 县	920	4	352	214	160	95	51	44
桂 东 县	295	0	135	30	30	100	0	0
安 仁 县	5 486	113	2 168	1 189	1 300	302	216	198
资 兴 市	23 534	570	5 428	6 020	6 618	352	1 176	3 370
永 州 市	**176 273**	**11 800**	**71 524**	**26 467**	**28 910**	**19 386**	**10 206**	**7 980**
零 陵 区	15 040	482	4 928	3 210	1 915	1 540	1 170	1 795
冷水滩区	13 927	819	10 987	1 053	397	297	349	25
祁 阳 市	48 680	5 100	18 925	6 307	11 100	3 442	2 994	812
东 安 县	23 109	1 010	7 883	3 200	2 790	5 066	870	2 290
双 牌 县	2 888	255	594	542	648	321	112	416
道 　 县	23 532	2 680	8 579	4 620	3 124	1 975	1 560	994
江 永 县	11 533	622	3 194	2 281	2 134	1 653	678	971
宁 远 县	22 498	667	11 648	3 001	3 327	2 651	1 061	143
蓝 山 县	2 516	5	825	322	578	376	383	27
新 田 县	7 671	95	2 482	1 660	1 940	886	553	55
江华自治县	3 376	38	922	152	620	894	352	398
金洞管理区	746	8	226	80	215	96	96	25
回龙圩管理区	757	19	331	39	122	189	28	29
怀 化 市	**74 286**	**2 898**	**20 749**	**10 882**	**17 916**	**16 738**	**3 261**	**1 842**

3－6 续表4

地 区	合 计	青鱼	草鱼	鲢鱼	鳙鱼	鲤鱼	鲫鱼	鳊鲂
鹤 城 区	4 101	178	1 217	695	726	682	335	268
中 方 县	5 916	544	1 018	1 130	1 204	920	700	400
沅 陵 县	12 707	1 005	4 295	301	6 378	590	60	78
辰 溪 县	8 690	98	706	410	166	7 310	0	0
溆 浦 县	9 463	25	2 156	2 202	1 525	2 220	910	425
会 同 县	3 854	114	946	606	1 000	1 018	104	66
麻阳自治县	3 441	119	856	968	852	491	148	7
新晃自治县	2 010	124	323	385	477	469	232	0
芷江自治县	9 012	515	3 816	1 513	2 285	529	218	136
靖州自治县	3 677	22	713	783	867	1 010	197	85
通道自治县	2 465	22	716	115	526	943	32	111
洪 江 市	8 554	127	3 788	1 697	1 840	536	305	261
洪 江 区	396	5	199	77	70	20	20	5
娄 底 市	**91 867**	**4 171**	**37 926**	**12 652**	**19 601**	**11 146**	**3 216**	**3 155**
娄 星 区	8 456	388	5 032	610	1 100	308	510	508
双 峰 县	25 150	1 503	13 721	1 194	5 277	1 454	981	1 020
新 化 县	31 485	1 265	7 396	5 239	10 125	5 996	361	1 103
冷水江市	5 162	272	2 546	514	760	752	209	109
涟 源 市	21 219	708	9 133	5 020	2 237	2 578	1 128	415
经 开 区	395	35	98	75	102	58	27	0
湘西自治州	**13 476**	**561**	**2 567**	**1 932**	**2 421**	**5 213**	**569**	**213**
吉 首 市	1 235	83	81	202	230	477	82	80
泸 溪 县	1 501	35	270	345	252	451	115	33
凤 凰 县	1 013	122	215	150	175	338	12	1
花 垣 县	2 062	0	380	39	303	1 239	85	16
保 靖 县	2 371	47	422	297	542	967	65	31
古 丈 县	584	10	32	28	36	453	13	12
永 顺 县	2 870	261	500	539	588	826	137	19
龙 山 县	1 840	3	667	332	295	462	60	21

3-7 各县（区）主要特色鱼类养殖产量

单位：吨

地　　区	泥鳅	鲇鱼	鲫鱼	黄颡鱼	黄鳝	鳜鱼	鲈鱼	乌鳢	鲟鱼
全省总计	16 837	27 132	22 743	47 258	22 765	58 852	62 661	32 482	12 033
长 沙 市	161	1 005	953	1 574	49	2 471	2 900	329	762
芙 蓉 区	0	0	0	0	0	0	0	0	0
天 心 区	0	48	23	0	0	0	0	0	0
岳 麓 区	0	0	0	0	0	130	119	0	0
开 福 区	0	0	0	6	0	0	30	0	0
雨 花 区	8	22	0	13	0	4	21	4	2
望 城 区	18	0	0	500	10	1 200	1 500	0	0
长 沙 县	0	29	0	0	0	32	70	0	0
宁 乡 县	52	156	280	275	39	720	210	30	760
浏 阳 市	83	750	650	780	0	385	950	295	0
株 洲 市	395	785	2 139	1 278	0	737	147	36	996
荷 塘 区	0	0	0	0	0	0	0	0	0
芦 淞 区	0	0	0	0	0	0	0	0	0
石 峰 区	0	0	0	0	0	0	0	0	0
天 元 区	206	46	0	0	0	53	65	0	0
渌 口 区	122	674	2 104	1 146	0	675	0	0	0
攸 　 县	45	49	0	36	0	7	25	0	450
茶 陵 县	0	16	0	77	0	0	22	23	0
炎 陵 县	0	0	35	15	0	0	10	5	532
醴 陵 市	22	0	0	4	0	2	25	8	14
湘 潭 市	238	174	209	430	82	524	276	16	0
雨 湖 区	73	0	0	15	2	12	6	0	0
岳 塘 区	0	29	0	36	0	8	30	4	0
湘 潭 县	0	80	0	40	0	60	10	0	0
湘 乡 市	165	65	140	302	80	421	196	0	0
韶 山 市	0	0	69	37	0	23	34	12	0

3-7 续表1

地　　区	泥鳅	鲇鱼	鲴鱼	黄颡鱼	黄鳝	鳜鱼	鲈鱼	乌鳢	鲟鱼
衡 阳 市	**3 740**	**2 458**	**834**	**3 240**	**550**	**26 550**	**8 921**	**780**	**1 761**
珠 晖 区	6	70	24	0	20	245	0	0	0
雁 峰 区	0	0	0	0	0	0	0	0	0
石 鼓 区	0	40	0	135	0	139	100	0	0
蒸 湘 区	0	0	0	0	0	718	34	7	0
南 岳 区	13	16	0	10	0	22	0	21	0
衡 阳 县	383	489	208	980	86	5 128	3 984	320	25
衡 南 县	0	0	0	102	98	7 285	184	0	0
衡 山 县	1 546	625	583	983	43	968	1 668	432	245
衡 东 县	325	160	0	452	20	1 957	0	0	0
祁 东 县	885	380	2	168	283	4 560	1 461	0	0
耒 阳 市	32	18	17	0	0	4 428	210	0	1 491
常 宁 市	550	660	0	410	0	1 100	1 280	0	0
邵 阳 市	**2 016**	**554**	**445**	**322**	**122**	**286**	**91**	**67**	**395**
双 清 区	5	14	87	0	0	0	0	0	0
大 祥 区	10	0	0	0	0	0	0	0	0
北 塔 区	19	56	102	0	0	0	0	2	0
邵 东 市	655	10	11	5	10	52	22	5	0
新 邵 县	36	0	0	40	9	0	0	0	65
邵 阳 县	130	10	18	62	42	20	0	0	0
隆 回 县	55	15	0	20	20	125	0	0	0
洞 口 县	873	237	118	129	0	42	0	60	28
绥 宁 县	112	49	3	31	4	0	3	0	242
新 宁 县	39	0	0	0	0	0	0	0	0
城步自治县	34	13	62	0	3	0	0	0	60
武 冈 市	48	150	44	35	34	47	66	0	0
岳 阳 市	**1 069**	**15 789**	**4 927**	**17 506**	**12 290**	**6 373**	**32 956**	**17 041**	**60**
岳阳楼区	0	0	0	0	0	0	0	0	0
云 溪 区	66	309	47	261	239	89	26	0	0

3-7 续表2

地　区	泥鳅	鲇鱼	鲴鱼	黄颡鱼	黄鳝	鳜鱼	鲈鱼	乌鳢	鲟鱼
君 山 区	49	421	205	858	685	884	9 768	2 865	0
岳 阳 县	25	682	125	4 092	12	636	779	556	60
华 容 县	228	8 246	25	1 838	10 292	175	15 073	12 615	0
湘 阴 县	507	5 211	4 475	8 187	845	3 066	6 402	510	0
平 江 县	0	0	0	0	7	2	48	0	0
汨 罗 市	150	820	10	1 350	150	370	760	0	0
临 湘 市	0	0	40	750	59	1 090	100	480	0
屈原管理区	44	100	0	170	1	61	0	15	0
常 德 市	**1 750**	**1 403**	**313**	**13 714**	**4 020**	**14 181**	**7 770**	**3 242**	**0**
武 陵 区	0	0	0	85	0	14	46	0	0
鼎 城 区	116	100	19	282	1 922	1 700	1 091	0	0
安 乡 县	178	262	86	2 565	443	6 170	130	98	0
汉 寿 县	1 123	792	203	1 887	1 085	3 412	1 177	2 819	0
澧　　县	110	0	0	5 670	125	1 980	5 230	0	0
临 澧 县	68	21	0	1 655	235	45	13	82	0
桃 源 县	20	158	5	600	30	810	3	45	0
石 门 县	5	0	0	0	0	20	0	0	0
津 市 市	130	70	0	970	180	30	80	198	0
张家界市	**10**	**133**	**128**	**126**	**0**	**26**	**27**	**2**	**300**
永 定 区	0	127	78	97	0	0	2	2	0
武陵源区	0	0	0	3	0	0	0	0	0
慈 利 县	10	5	50	25	0	25	25	0	300
桑 植 县	0	1	0	1	0	1	0	0	0
益 阳 市	**2 037**	**537**	**3 023**	**3 901**	**4 697**	**4 097**	**3 802**	**8 576**	**1**
资 阳 区	720	243	102	1 478	401	1 817	368	126	0
赫 山 区	398	85	505	755	173	800	400	250	0
南　　县	158	191	0	82	2 303	0	0	0	0
桃 江 县	5	16	0	126	0	18	171	0	0
安 化 县	221	2	216	20	0	112	13	0	1

3-7　续表3

地　　区	泥鳅	鲇鱼	鲴鱼	黄颡鱼	黄鳝	鳜鱼	鲈鱼	乌鳢	鲟鱼
沅 江 市	535	0	2 200	1 440	1 820	1 350	2 850	8 200	0
大通湖区	0	0	0	0	0	0	0	0	0
郴 州 市	**1 833**	**1 669**	**2 649**	**1 674**	**275**	**673**	**1 459**	**1 247**	**7 129**
北 湖 区	0	35	6	6	0	0	70	0	161
苏 仙 区	320	480	0	18	1	130	95	25	950
桂 阳 县	30	212	0	135	3	233	262	80	180
宜 章 县	28	198	70	64	23	3	64	548	22
永 兴 县	68	88	0	116	0	146	106	68	780
嘉 禾 县	538	58	0	20	80	8	21	11	40
临 武 县	297	131	0	218	157	29	296	97	58
汝 城 县	177	9	1	0	0	0	33	0	0
桂 东 县	0	0	0	0	0	0	80	0	110
安 仁 县	215	108	0	255	5	26	52	63	0
资 兴 市	160	350	2 572	842	6	98	380	355	4 828
永 州 市	**1 591**	**2 056**	**3 520**	**2 061**	**587**	**2 648**	**2 870**	**1 049**	**93**
零 陵 区	0	45	270	70	2	117	120	8	30
冷水滩区	86	86	0	83	0	284	0	0	0
祁 阳 市	47	303	172	195	79	443	7	47	0
东 安 县	338	1 011	889	401	0	608	89	278	10
双 牌 县	28	36	679	24	6	20	38	9	43
道　　县	18	203	265	422	18	863	2 505	668	0
江 永 县	674	195	1 045	575	404	6	0	2	0
宁 远 县	149	22	0	128	30	240	58	8	0
蓝 山 县	3	5	0	5	3	29	5	0	0
新 田 县	94	40	0	0	0	10	0	0	0
江华自治县	104	95	178	113	45	20	14	23	10
金洞管理区	35	0	10	30	0	8	30	6	0
回龙圩管理区	15	15	12	15	0	0	4	0	0
怀 化 市	**834**	**328**	**2 842**	**398**	**0**	**73**	**237**	**64**	**12**

3-7 续表4

地 区	泥鳅	鲇鱼	鲫鱼	黄颡鱼	黄鳝	鳜鱼	鲈鱼	乌鳢	鲟鱼
鹤城区	25	4	150	2	0	4	14	1	1
中方县	280	60	300	32	0	0	0	0	0
沅陵县	30	35	2 140	0	0	10	20	0	0
辰溪县	0	0	0	208	0	0	0	0	0
溆浦县	299	110	40	38	0	0	22	45	0
会同县	0	17	0	0	0	0	0	0	0
麻阳自治县	26	8	0	15	0	0	21	0	0
新晃自治县	0	0	0	24	0	0	59	0	0
芷江自治县	62	24	129	52	0	25	17	9	0
靖州自治县	51	20	8	6	0	11	16	0	0
通道自治县	61	48	5	0	0	23	5	9	11
洪 江 市	0	2	70	21	0	0	60	0	0
洪 江 区	0	0	0	0	0	0	3	0	0
娄 底 市	**1 016**	**186**	**280**	**997**	**69**	**190**	**1 028**	**23**	**45**
娄 星 区	68	24	11	112	0	26	80	0	0
双 峰 县	574	14	59	745	0	19	546	0	5
新 化 县	119	101	186	86	69	145	335	23	0
冷水江市	137	0	0	0	0	0	0	0	0
涟 源 市	118	47	24	54	0	0	45	0	15
经 开 区	0	0	0	0	0	0	22	0	25
湘西自治州	**147**	**55**	**481**	**37**	**24**	**23**	**177**	**10**	**479**
吉 首 市	47	0	0	5	6	0	0	0	22
泸 溪 县	21	0	0	0	0	0	110	10	0
凤 凰 县	0	4	0	0	0	0	5	0	0
花 垣 县	34	8	0	0	8	0	0	0	136
保 靖 县	33	30	462	8	2	5	0	0	45
古 丈 县	4	0	0	0	0	0	0	0	0
永 顺 县	0	11	19	19	4	18	11	0	13
龙 山 县	8	2	0	5	4	0	51	0	263

3-8 各县（区）主要名优水产品养殖产量

单位：吨

地　　区	罗氏沼虾	青虾	克氏原鳌虾	南美白对虾	河蟹	贝类	龟类	鳖类	蛙类
全省总计	5 612	2 353	482 246	8 999	9 083	15 122	5 347	123 183	47 520
长沙市	959	57	14 434	159	51	1 652	34	1 092	2 410
芙 蓉 区	0	0	0	0	0	0	0	0	0
天 心 区	0	0	0	0	0	0	0	0	0
岳 麓 区	0	0	173	0	0	0	0	0	0
开 福 区	80	0	125	0	0	0	0	5	0
雨 花 区	0	0	0	0	0	0	5	0	0
望 城 区	20	0	11 500	40	8	0	10	750	240
长 沙 县	5	0	812	34	11	0	0	12	0
宁 乡 县	4	7	1 174	5	2	1 452	19	67	1 220
浏 阳 市	850	50	650	80	30	200	0	258	950
株洲市	284	30	1 382	73	0	220	17	105	1 302
荷 塘 区	0	0	0	0	0	0	0	0	0
芦 淞 区	0	0	0	0	0	0	0	0	0
石 峰 区	0	0	0	0	0	0	0	0	0
天 元 区	0	0	0	0	0	0	0	0	0
渌 口 区	254	0	850	30	0	0	0	24	143
攸 县	30	30	160	40	0	220	2	52	720
茶 陵 县	0	0	331	0	0	0	0	0	36
炎 陵 县	0	0	38	0	0	0	2	6	1
醴 陵 市	0	0	3	3	0	0	13	23	402
湘潭市	264	451	7 431	50	175	491	0	2 130	551
雨 湖 区	17	6	31	0	0	0	0	2	10
岳 塘 区	0	0	20	0	0	0	0	30	0
湘 潭 县	10	0	5 550	0	0	0	0	2 085	3
湘 乡 市	237	445	1 785	15	175	486	0	10	448
韶 山 市	0	0	45	35	0	5	0	3	90

3-8 续表1

地 区	罗氏沼虾	青虾	克氏原螯虾	南美白对虾	河蟹	贝类	龟类	鳖类	蛙类
衡 阳 市	1 500	0	6 638	30	261	3 921	570	7 081	10 777
珠 晖 区	99	0	211	0	30	15	283	22	150
雁 峰 区	0	0	0	0	0	0	10	0	0
石 鼓 区	0	0	0	0	0	0	3	4	2
蒸 湘 区	0	0	0	0	0	0	0	98	2
南 岳 区	0	0	0	0	0	0	0	0	25
衡 阳 县	0	0	1 908	0	100	763	120	5 214	1 093
衡 南 县	28	0	2 080	30	29	476	0	624	1 329
衡 山 县	0	0	99	0	42	156	0	123	107
衡 东 县	0	0	900	0	0	125	0	580	1 268
祁 东 县	273	0	356	0	60	282	154	196	422
耒 阳 市	0	0	844	0	0	404	0	0	5 739
常 宁 市	1 100	0	240	0	0	1 700	0	220	640
邵 阳 市	5	103	1 502	17	37	478	30	428	2 780
双 清 区	0	0	0	0	0	0	0	18	0
大 祥 区	0	0	30	0	0	0	0	70	30
北 塔 区	0	0	2	0	0	0	0	0	5
邵 东 市	5	23	774	5	5	182	10	41	842
新 邵 县	0	0	390	0	20	3	0	5	320
邵 阳 县	0	0	150	0	0	68	0	32	102
隆 回 县	0	68	31	0	0	0	0	85	360
洞 口 县	0	0	94	12	0	203	10	96	871
绥 宁 县	0	12	17	0	10	19	4	15	200
新 宁 县	0	0	0	0	2	3	6	31	24
城步自治县	0	0	0	0	0	0	0	0	7
武 冈 市	0	0	14	0	0	0	0	35	19
岳 阳 市	3	90	148 772	120	2 644	618	207	1 732	3 701
岳阳楼区	0	0	0	0	0	0	0	0	0
云 溪 区	0	0	1 815	0	833	3	0	0	0

3-8 续表2

地 区	罗氏沼虾	青虾	克氏原螯虾	南美白对虾	河蟹	贝类	龟类	鳖类	蛙类
君 山 区	2	0	33 598	0	10	14	65	66	3
岳 阳 县	0	90	6 578	107	50	85	20	252	25
华 容 县	0	0	52 901	0	82	129	9	104	413
湘 阴 县	0	0	11 450	0	1 654	153	0	525	224
平 江 县	0	0	535	13	0	0	0	0	6
汨 罗 市	0	0	3 755	0	15	15	12	45	0
临 湘 市	0	0	30 250	0	0	0	1	540	2 850
屈原管理区	1	0	7 890	0	0	219	100	200	180
常 德 市	**2 369**	**285**	**67 898**	**8 038**	**750**	**1 138**	**2 546**	**104 316**	**4 317**
武 陵 区	45	0	625	52	0	265	0	1 554	36
鼎 城 区	0	58	8 969	43	180	96	99	23 234	1 373
安 乡 县	14	0	21 178	198	0	0	1 948	18 976	59
汉 寿 县	0	45	15 998	205	500	345	283	50 307	23
澧 县	2 030	62	13 987	7 120	0	32	0	8 560	310
临 澧 县	0	0	1 315	64	53	9	210	926	315
桃 源 县	280	120	2 200	150	0	0	0	649	2 020
石 门 县	0	0	160	0	0	0	0	4	70
津 市 市	0	0	3 466	206	17	391	6	106	111
张 家 界 市	**0**	**0**	**146**	**25**	**0**	**0**	**0**	**53**	**555**
永 定 区	0	0	15	24	0	0	0	3	241
武陵源区	0	0	0	0	0	0	0	0	3
慈 利 县	0	0	131	0	0	0	0	50	311
桑 植 县	0	0	0	1	0	0	0	0	0
益 阳 市	**51**	**20**	**226 495**	**0**	**4 409**	**57**	**1 824**	**5 551**	**4 714**
资 阳 区	0	0	10 595	0	0	57	16	381	223
赫 山 区	0	0	7 820	0	0	0	13	1 200	2 580
南 县	0	0	120 481	0	559	0	1 592	2 582	45
桃 江 县	51	20	1 290	0	41	0	3	15	1 474
安 化 县	0	0	0	0	0	0	0	73	257

地 区	罗氏沼虾	青虾	克氏原螯虾	南美白对虾	河蟹	贝类	龟类	鳖类	蛙类
沅 江 市	0	0	61 220	0	780	0	200	1 300	135
大通湖区	0	0	25 089	0	3 029	0	0	0	0
郴 州 市	**82**	**198**	**947**	**176**	**7**	**2 496**	**7**	**76**	**4 989**
北 湖 区	0	0	0	0	0	100	0	0	40
苏 仙 区	3	0	35	0	0	132	0	3	270
桂 阳 县	0	20	30	40	3	510	1	4	820
宜 章 县	1	5	0	0	0	68	0	7	0
永 兴 县	0	0	226	0	0	930	0	9	1 771
嘉 禾 县	8	0	0	1	2	51	0	10	10
临 武 县	0	173	396	0	0	258	0	22	247
汝 城 县	0	0	0	0	2	4	5	7	45
桂 东 县	0	0	0	0	0	0	0	0	10
安 仁 县	70	0	120	135	0	388	0	9	1 766
资 兴 市	0	0	140	0	0	55	1	5	10
永 州 市	**19**	**409**	**3 864**	**13**	**445**	**2 424**	**86**	**234**	**6 231**
零 陵 区	0	0	1 260	0	0	1	0	20	900
冷水滩区	0	5	13	0	69	16	0	0	450
祁 阳 市	12	80	2 370	0	0	354	0	25	10
东 安 县	0	0	65	0	0	0	0	14	669
双 牌 县	0	7	18	0	0	0	0	6	30
道 县	0	0	38	5	0	131	80	142	265
江 永 县	1	317	17	0	347	1 614	0	5	9
宁 远 县	5	0	0	0	0	106	1	1	2 730
蓝 山 县	0	0	34	3	0	15	0	2	32
新 田 县	0	0	10	3	3	90	4	8	73
江华自治县	1	0	33	2	25	91	1	1	1 063
金洞管理区	0	0	6	0	1	6	0	10	0
回龙圩管理区	0	0	0	0	0	0	0	0	0
怀 化 市	**67**	**64**	**579**	**159**	**185**	**764**	**12**	**145**	**3 950**

3-8 续表4

地 区	罗氏沼虾	青虾	克氏原螯虾	南美白对虾	河蟹	贝类	龟类	鳖类	蛙类
鹤城区	0	0	18	20	0	5	0	1	32
中方县	0	0	0	0	75	20	0	0	26
沅陵县	0	0	0	0	0	0	0	16	2 268
辰溪县	0	0	0	0	0	0	11	0	0
溆浦县	0	0	0	0	110	685	0	3	449
会同县	0	0	0	0	0	0	0	0	103
麻阳自治县	0	0	0	0	0	0	0	7	31
新晃自治县	0	0	0	0	0	0	0	0	0
芷江自治县	0	0	199	118	0	19	0	16	152
靖州自治县	31	64	310	21	0	2	1	4	218
通道自治县	36	0	20	0	0	33	0	94	375
洪江市	0	0	32	0	0	0	0	4	257
洪江区	0	0	0	0	0	0	0	0	39
娄底市	**0**	**637**	**1 940**	**102**	**110**	**852**	**9**	**199**	**662**
娄星区	0	0	128	50	0	238	0	33	48
双峰县	0	285	1 618	52	0	443	0	70	462
新化县	0	352	59	0	98	171	9	13	79
冷水江市	0	0	12	0	0	0	0	0	5
涟源市	0	0	123	0	0	0	0	83	68
经开区	0	0	0	0	12	0	0	0	0
湘西自治州	**9**	**9**	**218**	**37**	**9**	**11**	**5**	**41**	**581**
吉首市	8	7	0	9	0	0	5	21	185
泸溪县	0	0	131	26	8	0	0	15	335
凤凰县	0	0	1	1	0	0	0	1	1
花垣县	0	2	0	0	0	10	0	3	41
保靖县	1	0	0	0	0	1	0	0	5
古丈县	0	0	16	0	0	0	0	0	0
永顺县	0	0	5	1	0	0	0	0	13
龙山县	0	0	65	0	1	0	0	1	1

3-9 各县（区）水产养殖产量（按水域分）

单位：吨

地 区	合 计	池塘	湖泊	水库	河沟及其他	稻渔产量	工厂化产量
全省总计	2 989 588	2 044 047	52 986	235 071	63 393	594 091	45 367
长沙市	136 000	106 118	955	7 207	4 077	17 643	3 836
芙蓉区	0	0	0	0	0	0	0
天心区	1 598	1 411	0	67	120	0	0
岳麓区	11 339	11 126	0	0	38	175	38
开福区	1 980	1 795	0	10	5	170	5
雨花区	2 435	2 331	0	104	0	0	0
望城区	40 294	25 934	80	80	2 700	11 500	2 600
长沙县	16 316	14 998	0	596	44	678	23
宁乡市	36 100	29 660	875	1 495	820	3 250	820
浏阳市	25 938	18 863	0	4 855	350	1 870	350
株洲市	114 399	80 744	0	27 569	2 026	4 060	2 646
荷塘区	4 715	4 384	0	331	0	0	0
芦淞区	3 273	3 139	0	134	0	0	0
石峰区	3 571	3 351	0	220	0	0	0
天元区	5 462	3 286	0	2 076	100	0	100
渌口区	14 125	12 885	0	260	0	980	65
攸 县	29 960	19 630	0	9 100	400	830	410
茶陵县	20 540	12 410	0	6 260	1 500	370	1 513
炎陵县	1 643	1 508	0	108	0	27	532
醴陵市	31 110	20 151	0	9 080	26	1 853	26
湘潭市	112 327	94 930	0	2 370	286	14 741	189
雨湖区	9 724	7 360	0	204	0	2 160	5
岳塘区	2 702	2 630	0	34	0	38	20
湘潭县	50 367	40 427	0	890	0	9 050	50
湘乡市	46 135	42 128	0	496	286	3 225	79
韶山市	3 399	2 385	0	746	0	268	35

3-9 续表1

地 区	合 计	池塘	湖泊	水库	河沟及其他	稻渔产量	工厂化产量
衡 阳 市	327 666	257 172	0	44 365	6 601	19 528	5 326
珠 晖 区	4 173	3 681	0	492	0	0	0
雁 峰 区	2 988	2 691	0	297	0	0	0
石 鼓 区	2 494	2 423	0	71	0	0	0
蒸 湘 区	4 743	4 256	0	416	58	13	58
南 岳 区	463	299	0	164	0	0	0
衡 阳 县	70 132	50 982	0	7 015	4 181	7 954	4 012
衡 南 县	51 481	44 775	0	5 308	0	1 398	0
衡 山 县	24 819	21 934	0	913	186	1 786	186
衡 东 县	27 563	23 535	0	2 300	878	850	0
祁 东 县	50 781	43 818	0	4 385	141	2 437	141
耒 阳 市	49 019	34 081	0	13 467	477	994	477
常 宁 市	39 010	24 697	0	9 537	680	4 096	452
邵 阳 市	110 198	80 832	0	16 324	4 057	8 985	2 184
双 清 区	1 260	992	0	268	0	0	0
大 祥 区	2 850	2 714	0	50	0	86	0
北 塔 区	1 388	1 142	0	216	23	7	0
邵 东 市	28 666	26 682	0	525	68	1 391	1 853
新 邵 县	11 949	6 930	0	1 090	465	3 464	0
邵 阳 县	14 568	8 912	0	3 986	1 140	530	0
隆 回 县	12 284	7 880	0	3 205	1 149	50	0
洞 口 县	19 134	11 152	0	5 879	533	1 570	28
绥 宁 县	2 380	1 320	0	0	520	540	242
新 宁 县	6 881	5 527	0	517	0	837	0
城步自治县	940	601	0	92	107	140	0
武 冈 市	7 898	6 980	0	496	52	370	61
岳 阳 市	598 472	416 064	22 752	5 570	6 365	147 721	6 141
岳阳楼区	8 696	5 418	2 485	465	328	0	0
云 溪 区	14 291	8 934	3 195	165	182	1 815	0

地 区	合 计	池塘	湖泊	水库	河沟及其他	稻渔产量	工厂化产量
君 山 区	61 970	26 562	1 690	98	20	33 600	4 000
岳 阳 县	49 497	41 363	1 960	1 300	1 217	3 657	1 225
华 容 县	163 653	96 429	8 852	605	3 668	54 099	66
湘 阴 县	202 861	187 744	2 240	302	465	12 110	430
平 江 县	9 560	8 120	0	720	100	620	420
汨 罗 市	23 884	17 694	1 010	1 305	25	3 850	0
临 湘 市	46 600	15 780	990	510	50	29 270	0
屈原管理区	17 460	8 020	330	100	310	8 700	0
常 德 市	**534 804**	**402 085**	**20 762**	**22 503**	**9 543**	**79 911**	**6 225**
武 陵 区	31 282	26 298	3 390	776	30	788	0
鼎 城 区	70 046	47 966	8 110	2 730	73	11 167	92
安 乡 县	146 500	125 000	0	0	0	21 500	0
汉 寿 县	98 381	69 733	2 310	0	5 000	21 338	5 000
澧 县	81 665	62 853	2 860	1 780	0	14 172	180
临 澧 县	25 710	17 751	0	2 589	1 020	4 350	953
桃 源 县	37 450	24 233	0	7 415	2 940	2 862	0
石 门 县	12 265	5 000	0	6 985	0	280	0
津 市 市	31 505	23 251	4 092	228	480	3 454	0
张家界市	**9 108**	**5 559**	**0**	**1 680**	**1 302**	**567**	**1 011**
永 定 区	1 910	1 037	0	472	304	97	60
武陵源区	51	31	0	10	10	0	10
慈 利 县	6 242	4 131	0	1 016	645	450	616
桑 植 县	905	360	0	182	343	20	325
益 阳 市	**505 505**	**254 880**	**8 517**	**5 123**	**2 693**	**234 292**	**1 525**
资 阳 区	39 150	25 285	1 902	311	209	11 443	12
赫 山 区	34 850	22 574	980	548	248	10 500	166
南 县	170 810	48 846	0	0	924	121 040	0
桃 江 县	15 297	11 821	0	303	169	3 004	167
安 化 县	15 053	9 218	0	3 266	1 143	1 426	1 180

3-9 续表3

地 区	合 计	池塘	湖泊	水库	河沟及其他	稻渔产量	工厂化产量
沅 江 市	184 335	116 220	4 700	695	0	62 720	0
大通湖区	46 010	20 916	935	0	0	24 159	0
郴 州 市	**122 697**	**76 422**	**0**	**23 223**	**15 021**	**8 031**	**11 746**
北 湖 区	3 285	2 716	0	133	0	436	125
苏 仙 区	15 600	12 890	0	640	1 200	870	350
桂 阳 县	14 690	8 320	0	4 715	360	1 295	350
宜 章 县	6 458	2 051	0	3 512	0	895	19
永 兴 县	25 171	18 745	0	3 520	663	2 243	720
嘉 禾 县	4 024	2 180	0	1 515	220	109	0
临 武 县	6 840	4 514	0	513	342	1 471	342
汝 城 县	1 213	485	0	594	6	128	0
桂 东 县	518	407	0	50	11	50	190
安 仁 县	8 708	7 368	0	1 216	0	124	0
资 兴 市	36 190	16 746	0	6 815	12 219	410	9 650
永 州 市	**213 812**	**150 473**	**0**	**35 980**	**2 714**	**24 645**	**2 213**
零 陵 区	17 891	12 315	0	2 450	680	2 446	600
冷水滩区	15 636	10 960	0	2 344	86	2 246	0
祁 阳 市	52 824	34 801	0	9 300	23	8 700	22
东 安 县	27 519	22 785	0	1 990	354	2 390	119
双 牌 县	8 518	1 223	0	5 881	439	975	39
道 县	29 155	23 802	0	1 380	113	3 860	160
江 永 县	16 744	12 662	0	2 137	0	1 945	0
宁 远 县	27 236	21 016	0	4 565	465	1 190	524
蓝 山 县	3 175	1 412	0	674	520	569	520
新 田 县	8 006	3 533	0	4 270	0	203	200
江华自治县	5 288	4 901	0	295	34	58	29
金洞管理区	914	456	0	400	0	58	0
回龙圩管理区	906	607	0	294	0	5	0
怀 化 市	**86 435**	**41 271**	**0**	**29 089**	**4 253**	**11 822**	**1 482**

地　区	合　计	池塘	湖泊	水库	河沟及其他	稻渔产量	工厂化产量
鹤城区	4 380	1 527	0	2 650	30	173	0
中方县	6 774	1 650	0	4 052	212	860	194
沅陵县	17 326	9 320	0	6 520	836	650	909
辰溪县	9 550	2 997	0	1 005	21	5 527	19
溆浦县	11 539	8 448	0	1 670	200	1 221	0
会同县	3 977	1 103	0	1 230	1 351	293	0
麻阳自治县	3 758	1 813	0	1 853	0	92	5
新晃自治县	2 163	1 225	0	201	133	604	133
芷江自治县	9 837	6 013	0	2 945	695	184	0
靖州自治县	4 442	2 530	0	790	47	1 075	22
通道自治县	3 185	1 402	0	508	459	816	85
洪江市	9 000	2 910	0	5 620	190	280	100
洪江区	504	333	0	45	79	47	15
娄底市	**101 568**	**73 088**	**0**	**9 366**	**1 343**	**17 771**	**453**
娄星区	9 737	8 781	0	320	136	500	136
双峰县	30 132	27 052	0	287	455	2 338	130
新化县	33 942	15 609	0	7 100	150	11 083	132
冷水江市	5 322	4 051	0	382	0	889	0
涟源市	21 972	17 183	0	1 251	578	2 960	55
经济开发区	463	412	0	26	24	1	0
湘西自治州	**16 597**	**4 409**	**0**	**4 702**	**3 112**	**4 374**	**390**
吉首市	2 176	285	0	1 279	242	370	26
泸溪县	2 157	615	0	711	350	481	13
凤凰县	1 026	128	0	416	0	482	0
花垣县	2 304	1 210	0	240	0	854	0
保靖县	2 983	200	0	389	1 697	697	225
古丈县	625	54	0	40	21	510	21
永顺县	2 986	1 062	0	1 225	98	601	105
龙山县	2 340	855	0	402	704	379	0

3－10 各县（区）水产养殖面积（按水域分）

地　区	养殖面积（公顷）	池塘	湖泊	水库	河沟及其他	稻渔面积（公顷）	工厂化面积（米³）
全省总计	455 445	274 939	62 395	105 356	12 755	357 968	1 999 239
长沙市	21 569	15 217	1 550	4 520	282	8 727	90 989
芙蓉区	0	0	0	0	0	0	0
天心区	170	159	0	5	6	0	0
岳麓区	1 140	1 140	0	0	0	179	17 880
开福区	360	334	0	26	0	80	3 000
雨花区	290	245	0	45	0	0	0
望城区	5 273	3 941	1 020	191	121	4 667	30 000
长沙县	2 983	2 098	0	864	21	508	3 810
宁乡县	7 200	5 402	530	1 220	48	2 770	30 799
浏阳市	4 153	1 898	0	2 169	86	523	5 500
株洲市	18 923	13 861	0	4 927	135	2 153	70 810
荷塘区	301	278	0	23	0	0	0
芦淞区	898	609	0	289	0	0	0
石峰区	419	392	0	27	0	0	0
天元区	718	276	0	442	0	0	2 760
渌口区	2 000	1 530	0	422	48	900	4 800
攸　县	6 974	5 051	0	1 923	0	300	14 200
茶陵县	2 733	1 922	0	725	86	86	22 800
炎陵县	416	273	0	142	1	160	16 250
醴陵市	4 464	3 530	0	934	0	707	10 000
湘潭市	14 806	12 601	0	2 177	28	9 209	35 316
雨湖区	1 527	1 383	0	144	0	1 005	2 255
岳塘区	469	434	0	35	0	26	600
湘潭县	5 354	5 024	0	330	0	5 686	4 239
湘乡市	6 411	5 020	0	1 363	28	2 352	3 222
韶山市	1 045	740	0	305	0	140	25 000

地 区	养殖面积 （公顷）	池塘	湖泊	水库	河沟及其他	稻渔面积 （公顷）	工厂化面积 （米³）
衡 阳 市	48 858	36 748	0	11 839	271	11 066	170 188
珠 晖 区	548	502	0	46	0	0	0
雁 峰 区	297	277	0	20	0	0	0
石 鼓 区	348	315	0	33	0	0	0
蒸 湘 区	634	574	0	60	0	6	2 700
南 岳 区	92	63	0	29	0	0	0
衡 阳 县	10 444	7 678	0	2 743	23	5 295	107 251
衡 南 县	11 307	9 900	0	1 407	0	724	0
衡 山 县	3 121	2 652	0	469	0	883	6 000
衡 东 县	4 835	3 221	0	1 410	204	431	0
祁 东 县	6 439	5 462	0	977	0	1 125	7 607
耒 阳 市	5 533	3 000	0	2 533	0	557	24 000
常 宁 市	5 260	3 104	0	2 112	44	2 045	22 630
邵 阳 市	26 678	17 760	0	7 869	1 049	14 955	32 861
双 清 区	201	151	0	43	7	0	0
大 祥 区	422	400	0	22	0	215	0
北 塔 区	236	194	0	42	0	10	0
邵 东 市	7 397	6 791	0	500	106	1 881	20 280
新 邵 县	3 095	1 516	0	1 396	183	3 241	3 000
邵 阳 县	3 089	1 801	0	1 122	166	2 665	0
隆 回 县	2 849	1 500	0	1 100	249	500	0
洞 口 县	2 908	1 628	0	1 142	138	260	2 300
绥 宁 县	513	513	0	0	0	860	6 080
新 宁 县	2 526	1 230	0	1 096	200	1 800	0
城步自治县	672	211	0	461	0	267	0
武 冈 市	2 770	1 825	0	945	0	3 256	1 201
岳 阳 市	85 321	45 991	20 368	14 878	4 084	68 023	211 531
岳阳楼区	2 530	256	1 867	370	37	0	0
云 溪 区	3 884	1 025	2 690	97	72	2 066	0

3－10 续表2

地　　区	养殖面积（公顷）	池塘	湖泊	水库	河沟及其他	稻渔面积（公顷）	工厂化面积（米³）
君 山 区	5 642	2 486	2 806	316	34	15 900	165 600
岳 阳 县	14 201	5 199	2 324	6 153	525	2 000	27 420
华 容 县	16 778	6 431	8 406	401	1 540	20 918	2 700
湘 阴 县	20 527	16 685	434	2 411	997	6 533	9 020
平 江 县	8 045	4 598	0	3 100	347	380	6 791
汨 罗 市	4 758	2 477	506	1 709	66	3 742	0
临 湘 市	6 770	5 290	1 125	220	135	12 980	0
屈原管理区	2 186	1 544	210	101	331	3 504	0
常 德 市	**92 695**	**53 581**	**20 624**	**16 619**	**1 871**	**37 376**	**386 270**
武 陵 区	4 397	2 172	1 715	502	8	200	0
鼎 城 区	16 440	7 060	6 560	2 533	287	7 659	14 540
安 乡 县	14 933	14 933	0	0	0	10 200	0
汉 寿 县	16 733	13 566	3 167	0	0	9 330	303 000
澧 县	13 321	7 396	4 059	1 780	86	5 667	44 820
临 澧 县	4 176	2 572	0	1 374	230	1 087	23 910
桃 源 县	7 897	2 440	0	5 067	390	1 730	0
石 门 县	5 350	405	0	4 945	0	154	0
津 市 市	9 448	3 037	5 123	418	870	1 349	0
张家界市	**2 202**	**1 033**	**0**	**1 120**	**49**	**441**	**292 419**
永 定 区	518	268	0	250	0	171	6 678
武陵源区	24	14	0	5	5	0	9 500
慈 利 县	1 435	626	0	780	29	250	136 241
桑 植 县	225	125	0	85	15	20	140 000
益 阳 市	**58 844**	**33 532**	**19 853**	**3 536**	**1 923**	**95 179**	**72 760**
资 阳 区	7 033	3 350	2 935	462	286	7 055	4 350
赫 山 区	9 811	6 167	2 171	1 344	129	5 387	25 580
南 县	10 151	6 533	2 910	0	708	41 337	0
桃 江 县	3 000	3 000	0	0	0	1 567	28 330
安 化 县	2 715	1 715	0	1 000	0	2 623	14 500

地　区	养殖面积 （公顷）	池塘	湖泊	水库	河沟及其他	稻渔面积 （公顷）	工厂化面积 （米³）
沅江市	14 000	8 900	3 570	730	800	28 000	0
大通湖区	12 134	3 867	8 267	0	0	9 210	0
郴州市	**28 010**	**10 420**	**0**	**17 403**	**187**	**17 678**	**324 501**
北湖区	332	218	0	114	0	1 400	11 730
苏仙区	2 100	1 727	0	369	4	2 098	55 971
桂阳县	2 831	1 481	0	1 180	170	3 103	21 000
宜章县	844	411	0	433	0	1 060	5 000
永兴县	4 043	2 640	0	1 402	1	1 589	18 600
嘉禾县	1 050	490	0	560	0	98	0
临武县	1 131	763	0	357	11	4 202	22 200
汝城县	577	243	0	333	1	133	0
桂东县	119	86	0	33	0	383	10 000
安仁县	1 333	731	0	602	0	187	0
资兴市	13 650	1 630	0	12 020	0	3 425	180 000
永州市	**28 490**	**19 264**	**0**	**8 620**	**606**	**33 601**	**137 717**
零陵区	2 800	2 232	0	551	17	5 331	55 345
冷水滩区	4 248	3 270	0	955	23	697	0
祁阳市	5 590	4 431	0	1 133	26	7 025	824
东安县	3 460	2 488	0	798	174	7 816	4 500
双牌县	1 822	432	0	1 202	188	180	12 326
道　县	2 837	1 970	0	851	16	8 372	6 000
江永县	1 427	952	0	475	0	2 751	0
宁远县	2 370	1 565	0	800	5	748	11 922
蓝山县	605	329	0	168	108	220	34 500
新田县	1 770	817	0	953	0	267	7 500
江华自治县	891	617	0	252	22	137	4 800
金洞管理区	447	78	0	342	27	43	0
回龙圩管理区	223	83	0	140	0	14	0
怀化市	**14 536**	**5 929**	**0**	**7 041**	**1 566**	**26 210**	**121 250**

3－10　续表4

地　区	养殖面积（公顷）	池塘	湖泊	水库	河沟及其他	稻渔面积（公顷）	工厂化面积（米³）
鹤 城 区	430	103	0	324	3	401	0
中 方 县	1 398	421	0	688	289	1 870	9 600
沅 陵 县	3 387	789	0	1 852	746	720	12 260
辰 溪 县	861	420	0	400	41	10 520	8 000
溆 浦 县	1 235	872	0	337	26	3 200	0
会 同 县	484	151	0	172	161	760	0
麻阳自治县	933	396	0	536	1	410	12 000
新晃自治县	693	359	0	334	0	1 023	23 460
芷江自治县	1 227	689	0	525	13	611	17 000
靖州自治县	782	410	0	340	32	3 022	1 800
通道自治县	1 044	381	0	602	61	3 621	9 800
洪 江 市	2 025	912	0	921	192	32	14 000
洪 江 区	37	26	0	10	1	20	13 330
娄 底 市	**10 846**	**8 086**	**0**	**2 373**	**387**	**22 974**	**29 182**
娄 星 区	1 999	1 744	0	234	21	1 000	10 000
双 峰 县	3 031	2 681	0	171	179	1 532	9 812
新 化 县	3 166	1 460	0	1 598	108	15 113	8 750
冷水江市	627	473	0	154	0	2 467	0
涟 源 市	1 958	1 694	0	191	73	2 860	620
经 开 区	65	34	0	25	6	2	0
湘西自治州	**3 667**	**916**	**0**	**2 434**	**317**	**10 376**	**23 445**
吉 首 市	469	126	0	204	139	977	5 600
泸 溪 县	848	278	0	564	6	869	2 300
凤 凰 县	257	24	0	233	0	1 300	0
花 垣 县	210	140	0	70	0	1 673	0
保 靖 县	457	53	0	291	113	1 534	5 695
古 丈 县	153	50	0	102	1	1 674	3 500
永 顺 县	979	137	0	793	49	1 266	6 350
龙 山 县	294	108	0	177	9	1 083	0

3-11 各县（区）水产苗种生产

地　区	鱼苗生产（万尾）	培育鱼种（吨）	投放鱼种（吨）	扣蟹（千克）	稚鳖（万只）	稚龟（万只）	虾类育苗（万尾）	其中：小龙虾育苗（万尾）
全省总计	7 996 744	471 917	517 061	38 358	13 638	1 433	1 105 401	1 088 173
长 沙 市	669 602	13 565	36 795	0	271	2	125 621	125 621
芙 蓉 区	0	0	0	0	0	0	0	0
天 心 区	0	491	503	0	0	0	0	0
岳 麓 区	2	0	3 242	0	0	0	0	0
开 福 区	138 100	280	0	0	10	0	0	0
雨 花 区	460	54	0	0	0	0	0	0
望 城 区	24 000	0	13 000	0	245	1	125 000	125 000
长 沙 县	6 040	1 860	0	0	0	0	621	621
宁 乡 县	290 000	7 000	14 200	0	6	1	0	0
浏 阳 市	211 000	3 880	5 850	0	10	0	0	0
株 洲 市	94 751	16 075	20 846	0	20	3	0	0
荷 塘 区	0	0	813	0	0	0	0	0
芦 淞 区	0	0	566	0	0	0	0	0
石 峰 区	0	0	634	0	0	0	0	0
天 元 区	15 800	0	940	0	0	0	0	0
渌 口 区	1 625	3 029	3 029	0	3	0	0	0
攸　县	23 000	7 300	5 380	0	6	0	0	0
茶 陵 县	45 500	4 112	4 029	0	0	0	0	0
炎 陵 县	0	178	282	0	1	2	0	0
醴 陵 市	8 826	1 456	5 173	0	11	1	0	0
湘 潭 市	581 150	20 135	35 465	0	9	0	820	0
雨 湖 区	42 150	1 150	1 150	0	1	0	820	0
岳 塘 区	0	555	535	0	0	0	0	0
湘 潭 县	455 000	11 250	11 250	0	8	0	0	0
湘 乡 市	84 000	7 180	22 530	0	0	0	0	0
韶 山 市	0	0	0	0	0	0	0	0

3-11 续表1

地　　区	鱼苗生产 （万尾）	培育鱼种 （吨）	投放鱼种 （吨）	扣蟹 （千克）	稚鳖 （万只）	稚龟 （万只）	虾类育苗 （万尾）	其中：小龙虾 育苗（万尾）
衡 阳 市	2 581 647	44 257	52 706	0	542	127	5 658	5 644
珠 晖 区	0	0	0	0	0	0	0	0
雁 峰 区	0	0	106	0	0	0	0	0
石 鼓 区	465	210	143	0	0	0	0	0
蒸 湘 区	0	0	858	0	0	0	0	0
南 岳 区	128	46	34	0	0	0	0	0
衡 阳 县	355 871	7 014	13 789	0	351	4	270	260
衡 南 县	84 675	11 187	8 164	0	32	0	4 567	4 567
衡 山 县	28 936	883	883	0	0	0	800	800
衡 东 县	171 348	5 820	4 955	0	0	0	0	0
祁 东 县	1 830 566	8 432	8 310	0	120	123	0	0
耒 阳 市	0	0	4 904	0	0	0	11	11
常 宁 市	109 658	10 665	10 560	0	39	0	10	6
邵 阳 市	164 353	29 910	32 468	0	76	3	683	679
双 清 区	0	97	101	0	0	0	0	0
大 祥 区	1 075	390	390	0	18	0	0	0
北 塔 区	0	145	60	0	0	0	0	0
邵 东 市	35 272	9 682	8 859	0	6	0	683	679
新 邵 县	8 400	4 210	4 000	0	0	0	0	0
邵 阳 县	15 920	2 830	7 820	0	0	0	0	0
隆 回 县	10 600	2 456	2 812	0	0	0	0	0
洞 口 县	51 575	3 098	3 262	0	25	3	0	0
绥 宁 县	2 660	1 504	1 504	0	0	0	0	0
新 宁 县	11 724	2 137	1 867	0	13	0	0	0
城步自治县	1 960	85	95	0	0	0	0	0
武 冈 市	25 167	3 276	1 698	0	14	0	0	0
岳 阳 市	1 100 434	60 372	87 993	20 000	283	58	14 477	3 027
岳阳楼区	1 284	0	0	0	0	0	0	0
云 溪 区	0	2 836	2 825	0	0	0	0	0

3-11 续表2

地　　区	鱼苗生产（万尾）	培育鱼种（吨）	投放鱼种（吨）	扣蟹（千克）	稚鳖（万只）	稚龟（万只）	虾类育苗（万尾）	其中：小龙虾育苗（万尾）
君 山 区	5 600	1 510	1 352	0	60	35	150	150
岳 阳 县	52 000	10 000	9 650	0	20	10	0	0
华 容 县	802 395	14 102	21 246	0	24	9	2 877	2 877
湘 阴 县	180 450	19 124	45 000	20 000	59	1	0	0
平 江 县	12 245	280	130	0	0	0	0	0
汨 罗 市	13 150	3 220	1 050	0	9	2	11 450	0
临 湘 市	19 510	7 290	5 320	0	106	0	0	0
屈原管理区	13 800	2 010	1 420	0	4	1	0	0
常 德 市	**1 360 550**	**145 413**	**98 295**	**0**	**11 139**	**842**	**309 893**	**304 954**
武 陵 区	39 000	7 855	7 805	0	250	0	5 965	5 700
鼎 城 区	660 000	52 590	16 980	0	3 850	25	52 800	52 800
安 乡 县	257 900	22 630	25 510	0	701	57	79 192	78 568
汉 寿 县	76 000	30 780	19 895	0	6 050	750	49 136	49 136
澧　　县	213 000	14 418	12 950	0	235	0	45 000	42 300
临 澧 县	12 850	2 560	2 200	0	45	10	52 200	52 200
桃 源 县	32 000	8 945	8 295	0	8	0	9 400	8 050
石 门 县	11 100	565	0	0	0	0	0	0
津 市 市	58 700	5 070	4 660	0	0	0	16 200	16 200
张家界市	**15 795**	**1 087**	**545**	**0**	**10**	**0**	**1**	**0**
永 定 区	2 300	275	272	0	0	0	0	0
武陵源区	131	0	3	0	0	0	1	0
慈 利 县	12 264	639	103	0	10	0	0	0
桑 植 县	1 100	173	167	0	0	0	0	0
益 阳 市	**404 158**	**60 223**	**49 477**	**18 358**	**1 227**	**275**	**647 600**	**647 600**
资 阳 区	92 000	5 495	6 740	0	545	28	51 075	51 075
赫 山 区	63 000	10 300	7 750	0	215	0	5 500	5 500
南　　县	85 692	11 770	14 234	0	165	238	315 000	315 000
桃 江 县	4 380	1 962	0	0	0	0	0	0
安 化 县	376	700	719	0	2	0	0	0

3-11 续表3

地　　区	鱼苗生产（万尾）	培育鱼种（吨）	投放鱼种（吨）	扣蟹（千克）	稚鳖（万只）	稚龟（万只）	虾类育苗（万尾）	其中：小龙虾育苗（万尾）
沅 江 市	106 000	24 500	14 850	0	185	9	205 000	205 000
大通湖区	52 710	5 496	5 184	18 358	115	0	71 025	71 025
郴 州 市	**205 339**	**23 163**	**29 319**	**0**	**8**	**0**	**629**	**629**
北 湖 区	0	0	960	0	0	0	0	0
苏 仙 区	26 000	5 000	6 000	0	0	0	0	0
桂 阳 县	19 620	2 180	3 840	0	1	0	0	0
宜 章 县	25 600	1 699	1 692	0	0	0	0	0
永 兴 县	36 500	5 167	7 528	0	2	0	629	629
嘉 禾 县	4 209	356	426	0	1	0	0	0
临 武 县	8 518	750	750	0	4	0	0	0
汝 城 县	12 100	99	48	0	0	0	0	0
桂 东 县	330	25	35	0	0	0	0	0
安 仁 县	462	102	360	0	0	0	0	0
资 兴 市	72 000	7 785	7 680	0	0	0	0	0
永 州 市	**351 691**	**31 359**	**30 846**	**0**	**16**	**116**	**0**	**0**
零 陵 区	20 177	245	200	0	0	0	0	0
冷水滩区	8 201	396	382	0	0	0	0	0
祁 阳 市	159 030	15 706	7 305	0	2	0	0	0
东 安 县	36 800	6 000	6 400	0	0	0	0	0
双 牌 县	2 123	368	16	0	0	0	0	0
道　　县	58 000	1 012	9 650	0	13	115	0	0
江 永 县	7 650	1 550	1 502	0	0	0	0	0
宁 远 县	19 618	4 419	4 419	0	0	0	0	0
蓝 山 县	11 329	596	3	0	0	0	0	0
新 田 县	22 390	638	550	0	0	0	0	0
江华自治县	6 000	325	325	0	0	0	0	0
金洞管理区	360	55	55	0	2	1	0	0
回龙圩管理区	13	49	39	0	0	0	0	0
怀 化 市	**184 787**	**14 912**	**15 182**	**0**	**14**	**0**	**20**	**20**

地　　区	鱼苗生产（万尾）	培育鱼种（吨）	投放鱼种（吨）	扣蟹（千克）	稚鳖（万只）	稚龟（万只）	虾类育苗（万尾）	其中：小龙虾育苗（万尾）
鹤城区	3 700	1 230	2 170	0	0	0	20	20
中方县	10 600	1 044	805	0	0	0	0	0
沅陵县	21 366	1 708	2 960	0	10	0	0	0
辰溪县	39 900	798	1 018	0	0	0	0	0
溆浦县	58 630	3 352	1 080	0	0	0	0	0
会同县	8 032	314	193	0	0	0	0	0
麻阳自治县	0	936	1 098	0	3	0	0	0
新晃自治县	0	7	7	0	0	0	0	0
芷江自治县	13 884	2 285	2 203	0	0	0	0	0
靖州自治县	2 560	598	985	0	1	0	0	0
通道自治县	25 580	1 675	1 671	0	0	0	0	0
洪江市	0	940	960	0	0	0	0	0
洪江区	535	25	32	0	0	0	0	0
娄底市	**243 179**	**10 406**	**25 406**	**0**	**20**	**7**	**0**	**0**
娄星区	17 410	460	1 523	0	14	0	0	0
双峰县	0	3 069	7 450	0	0	0	0	0
新化县	89 994	1 756	7 015	0	7	7	0	0
冷水江市	0	0	4 180	0	0	0	0	0
涟源市	8 540	4 993	5 106	0	0	0	0	0
经开区	127 235	128	132	0	0	0	0	0
湘西自治州	**39 309**	**1 040**	**1 719**	**0**	**2**	**0**	**0**	**0**
吉首市	27	10	60	0	2	0	0	0
泸溪县	2 300	203	350	0	0	0	0	0
凤凰县	3 800	65	300	0	0	0	0	0
花垣县	2 030	5	310	0	0	0	0	0
保靖县	3 502	355	0	0	0	0	0	0
古丈县	5 200	58	112	0	0	0	0	0
永顺县	21 832	10	253	0	0	0	0	0
龙山县	618	334	334	0	0	0	0	0

3-12 各县（区）水产加工情况

地　区	水产加工企业（个）	水产加工能力（吨/年）	其中：规模以上加工企业（个）	水产冷库（座）	水产加工品总量（吨）	用于加工的水产品量（吨）
全省总计	326	877 816	129	584	544 754	716 307
长沙市	11	20 083	0	3	20 409	22 190
芙蓉区	0	0	0	0	0	0
天心区	0	0	0	0	109	0
岳麓区	0	0	0	0	0	0
开福区	0	0	0	0	0	0
雨花区	0	0	0	0	0	0
望城区	5	16 000	0	3	16 000	16 000
长沙县	1	3	0	0	3	0
宁乡县	0	0	0	0	907	2 110
浏阳市	5	4 080	0	0	3 390	4 080
株洲市	8	218	0	0	365	338
荷塘区	0	0	0	0	25	0
芦淞区	0	0	0	0	0	0
石峰区	0	0	0	0	0	0
天元区	0	0	0	0	0	0
渌口区	0	0	0	0	140	0
攸县	2	56	0	0	45	136
茶陵县	5	150	0	0	143	187
炎陵县	0	0	0	0	0	0
醴陵市	1	12	0	0	12	15
湘潭市	11	467	1	0	369	1 102
雨湖区	7	7	0	0	7	21
岳塘区	0	0	0	0	0	0
湘潭县	0	80	0	0	27	76
湘乡市	4	380	1	0	335	1 005
韶山市	0	0	0	0	0	0

地　　区	水产加工企业（个）	水产加工能力（吨/年）	其中：规模以上加工企业（个）	水产冷库（座）	水产加工品总量（吨）	用于加工的水产品量（吨）
衡 阳 市	**16**	**20 539**	**3**	**42**	**20 137**	**22 451**
珠 晖 区	0	0	0	0	0	0
雁 峰 区	0	0	0	0	0	0
石 鼓 区	0	0	0	0	0	0
蒸 湘 区	1	2	0	0	2	0
南 岳 区	0	0	0	0	0	0
衡 阳 县	12	17 154	2	29	15 717	16 986
衡 南 县	0	0	0	0	0	0
衡 山 县	0	1 423	0	0	965	1 253
衡 东 县	0	0	0	0	65	79
祁 东 县	0	0	0	0	258	823
耒 阳 市	0	0	0	13	200	0
常 宁 市	3	1 960	1	0	2 930	3 310
邵 阳 市	**3**	**3 508**	**2**	**6**	**2 259**	**989**
双 清 区	0	0	0	0	0	0
大 祥 区	0	0	0	0	0	0
北 塔 区	0	0	0	0	0	0
邵 东 市	2	3 500	1	6	2 131	851
新 邵 县	0	0	0	0	0	0
邵 阳 县	0	0	0	0	0	0
隆 回 县	1	8	1	0	8	8
洞 口 县	0	0	0	0	0	0
绥 宁 县	0	0	0	0	36	0
新 宁 县	0	0	0	0	0	0
城步自治县	0	0	0	0	0	0
武 冈 市	0	0	0	0	84	130
岳 阳 市	**61**	**148 289**	**35**	**186**	**157 014**	**225 119**
岳阳楼区	7	15 650	7	20	51 120	71 310
云 溪 区	0	0	0	0	0	0

3-12 续表2

地　区	水产加工企业 （个）	水产加工能力 （吨/年）	其中：规模以上 加工企业（个）	水产冷库 （座）	水产加工品 总量（吨）	用于加工的 水产品量（吨）
君 山 区	12	41 628	12	45	33 840	67 800
岳 阳 县	5	675	0	5	4 120	6 918
华 容 县	7	21 136	4	61	16 140	17 781
湘 阴 县	16	52 000	4	16	34 786	45 000
平 江 县	2	8 500	2	5	8 500	8 500
汨 罗 市	5	3 020	3	12	3 248	3 550
临 湘 市	5	3 680	1	10	3 460	2 910
屈原管理区	2	2 000	2	12	1 800	1 350
常 德 市	**51**	**178 680**	**25**	**107**	**105 304**	**117 745**
武 陵 区	4	16 250	1	14	11 620	13 925
鼎 城 区	4	29 360	4	11	22 485	23 490
安 乡 县	9	47 500	5	35	21 528	31 200
汉 寿 县	13	15 000	0	16	13 971	0
澧　　县	10	60 000	6	9	31 580	41 600
临 澧 县	6	370	4	10	407	630
桃 源 县	2	6 000	2	8	1 448	2 600
石 门 县	0	0	0	0	245	0
津 市 市	3	4 200	3	4	2 020	4 300
张家界市	**8**	**565**	**0**	**10**	**493**	**535**
永 定 区	0	0	0	3	122	305
武 陵 源 区	0	0	0	0	0	0
慈 利 县	3	465	0	5	128	230
桑 植 县	5	100	0	2	243	0
益 阳 市	**85**	**461 500**	**29**	**171**	**212 294**	**273 734**
资 阳 区	22	85 000	11	48	18 190	39 250
赫 山 区	12	101 000	7	33	61 950	85 690
南　　县	16	101 200	4	27	73 174	58 834
桃 江 县	1	4 000	1	3	4 000	4 000
安 化 县	23	4 200	0	25	3 354	0

地　　区	水产加工企业（个）	水产加工能力（吨/年）	其中：规模以上加工企业（个）	水产冷库（座）	水产加工品总量（吨）	用于加工的水产品量（吨）
沅 江 市	11	60 000	6	29	39 790	70 000
大通湖区	0	106 100	0	6	11 836	15 960
郴 州 市	**32**	**26 182**	**14**	**31**	**15 024**	**22 089**
北 湖 区	1	205	0	0	405	396
苏 仙 区	4	400	0	0	600	1 020
桂 阳 县	4	1 420	4	0	2 395	5 510
宜 章 县	1	3 500	1	6	3 243	3 350
永 兴 县	0	0	0	0	167	320
嘉 禾 县	2	800	2	6	900	1 600
临 武 县	3	1 000	1	8	1 379	1 436
汝 城 县	0	0	0	0	0	0
桂 东 县	0	0	0	0	0	0
安 仁 县	3	207	0	0	207	207
资 兴 市	14	18 650	6	11	5 728	8 250
永 州 市	**14**	**6 749**	**3**	**2**	**6 182**	**8 426**
零 陵 区	0	0	0	0	210	1 070
冷水滩区	0	0	0	0	0	0
祁 阳 市	5	5 000	2	2	2 020	1 040
东 安 县	0	0	0	0	1 360	1 870
双 牌 县	4	106	0	0	179	176
道 　 县	3	1 632	1	0	1 372	3 122
江 永 县	0	0	0	0	10	30
宁 远 县	1	5	0	0	965	965
蓝 山 县	0	0	0	0	27	41
新 田 县	0	0	0	0	0	0
江华自治县	0	0	0	0	37	112
金洞管理区	1	6	0	0	2	0
回龙圩管理区	0	0	0	0	0	0
怀 化 市	**14**	**6 516**	**7**	**7**	**2 384**	**17 845**

3-12 续表4

地　　区	水产加工企业（个）	水产加工能力（吨/年）	其中：规模以上加工企业（个）	水产冷库（座）	水产加工品总量（吨）	用于加工的水产品量（吨）
鹤城区	0	0	0	0	98	0
中方县	0	0	0	0	0	0
沅陵县	10	6 375	6	6	271	15 600
辰溪县	1	80	1	1	56	150
溆浦县	2	1	0	0	236	0
会同县	0	0	0	0	0	0
麻阳自治县	0	0	0	0	0	0
新晃自治县	0	0	0	0	0	0
芷江自治县	0	0	0	0	106	346
靖州自治县	0	0	0	0	182	0
通道自治县	1	60	0	0	1 428	1 721
洪江市	0	0	0	0	7	28
洪江区	0	0	0	0	0	0
娄底市	**11**	**4 370**	**9**	**16**	**2 156**	**3 394**
娄星区	2	2 191	1	10	938	0
双峰县	2	700	2	2	62	71
新化县	5	659	4	4	559	1 840
冷水江市	0	0	0	0	0	0
涟源市	2	820	2	0	597	1 483
经开区	0	0	0	0	0	0
湘西自治州	**1**	**150**	**1**	**3**	**364**	**350**
吉首市	0	0	0	0	31	0
泸溪县	0	0	0	0	105	0
凤凰县	0	0	0	0	3	0
花垣县	1	150	1	2	100	0
保靖县	0	0	0	0	0	0
古丈县	0	0	0	0	124	350
永顺县	0	0	0	1	1	0
龙山县	0	0	0	0	0	0

3-13 各县（区）渔业人口与从业人员

地　区	渔业乡（个）	渔业村（个）	渔业户（户）	渔业人口	从业人员（人）	专业从业人员（人）	兼业从业人员（人）	临时从业人员（人）
全省总计	22	239	243 675	1 061 486	949 500	448 833	413 653	87 014
长 沙 市	0	0	13 650	71 621	61 364	25 849	30 354	5 161
芙 蓉 区	0	0	0	0	0	0	0	0
天 心 区	0	0	71	436	566	354	116	96
岳 麓 区	0	0	0	0	36	17	19	0
开 福 区	0	0	0	0	495	495	0	0
雨 花 区	0	0	120	120	120	120	0	0
望 城 区	0	0	0	0	12 500	3 500	9 000	0
长 沙 县	0	0	6 251	19 065	13 227	12 868	359	0
宁 乡 县	0	0	1 808	27 020	10 498	3 873	5 410	1 215
浏 阳 市	0	0	5 400	24 980	23 922	4 622	15 450	3 850
株 洲 市	0	0	5 868	15 615	41 172	14 140	21 104	5 928
荷 塘 区	0	0	1 020	1 997	3 478	1 789	1 256	433
芦 淞 区	0	0	0	0	5 382	0	4 030	1 352
石 峰 区	0	0	0	0	0	0	0	0
天 元 区	0	0	0	0	185	95	90	0
渌 口 区	0	0	0	0	0	0	0	0
攸 　县	0	0	370	1 480	11 825	4 265	7 560	0
茶 陵 县	0	0	1 762	7 165	10 653	3 155	3 355	4 143
炎 陵 县	0	0	0	480	361	141	220	0
醴 陵 市	0	0	2 716	4 493	9 288	4 695	4 593	0
湘 潭 市	0	0	10 623	37 171	33 207	22 309	10 008	890
雨 湖 区	0	0	0	0	411	121	175	115
岳 塘 区	0	0	0	0	15	0	15	0
湘 潭 县	0	0	9 400	32 450	29 690	21 130	8 220	340
湘 乡 市	0	0	1 223	4 721	2 800	775	1 590	435
韶 山 市	0	0	0	0	291	283	8	0

3-13 续表1

地　　区	渔业乡（个）	渔业村（个）	渔业户（户）	渔业人口	从业人员（人）	专业从业人员（人）	兼业从业人员（人）	临时从业人员（人）
衡 阳 市	**0**	**23**	**10 335**	**47 429**	**97 320**	**31 070**	**59 767**	**6 483**
珠 晖 区	0	0	839	1 657	175	0	175	0
雁 峰 区	0	0	0	0	0	0	0	0
石 鼓 区	0	0	0	0	849	613	236	0
蒸 湘 区	0	0	458	3 627	2 674	1 974	400	300
南 岳 区	0	1	37	150	555	80	475	0
衡 阳 县	0	0	0	3 159	31 651	4 941	25 410	1 300
衡 南 县	0	0	0	0	22 637	4 633	16 357	1 647
衡 山 县	0	4	365	1 622	5 792	5 150	423	219
衡 东 县	0	16	1 778	8 958	6 186	4 216	1 970	0
祁 东 县	0	1	1 926	6 663	10 640	3 477	4 216	2 947
耒 阳 市	0	0	1 470	5 813	10 221	2 426	7 795	0
常 宁 市	0	1	3 462	15 780	5 940	3 560	2 310	70
邵 阳 市	**0**	**0**	**15 886**	**99 119**	**63 970**	**47 621**	**14 637**	**1 712**
双 清 区	0	0	1 440	1 782	1 252	1 230	22	0
大 祥 区	0	0	307	786	488	80	408	0
北 塔 区	0	0	0	0	410	177	173	60
邵 东 市	0	0	1 602	60 378	13 419	13 419	0	0
新 邵 县	0	0	0	0	350	0	230	120
邵 阳 县	0	0	0	0	13 260	9 830	3 280	150
隆 回 县	0	0	0	0	7 500	5 000	2 000	500
洞 口 县	0	0	3 150	0	4 358	4 128	230	0
绥 宁 县	0	0	1	47	39	10	10	19
新 宁 县	0	0	0	0	5 174	2 720	2 253	201
城步自治县	0	0	295	1 130	500	270	230	0
武 冈 市	0	0	9 091	34 996	17 220	10 757	5 801	662
岳 阳 市	**16**	**132**	**44 526**	**150 977**	**115 470**	**60 614**	**34 293**	**20 563**
岳阳楼区	1	8	1 530	5 514	7 347	4 673	1 780	894
云 溪 区	0	0	1 095	5 574	4 467	2 006	1 989	472

3-13 续表2

地 区	渔业乡（个）	渔业村（个）	渔业户（户）	渔业人口	从业人员（人）	专业从业人员（人）	兼业从业人员（人）	临时从业人员（人）
君 山 区	0	3	1 830	5 140	5 140	5 140	0	0
岳 阳 县	0	8	3 106	12 748	13 400	7 763	4 410	1 227
华 容 县	14	95	7 595	28 562	30 992	9 657	6 483	14 852
湘 阴 县	1	7	16 590	52 554	20 099	17 793	1 388	918
平 江 县	0	0	0	0	2 109	519	1 010	580
汨 罗 市	0	1	2 525	6 600	7 710	2 460	4 900	350
临 湘 市	0	3	9 470	31 850	20 724	10 196	9 398	1 130
屈原管理区	0	7	785	2 435	3 482	407	2 935	140
常 德 市	**0**	**14**	**55 002**	**196 360**	**166 971**	**139 818**	**21 630**	**5 523**
武 陵 区	0	0	0	298	1 446	928	346	172
鼎 城 区	0	0	10 795	32 678	21 945	16 110	5 350	485
安 乡 县	0	0	16 988	54 452	37 344	31 786	3 280	2 278
汉 寿 县	0	13	21 483	61 327	68 732	62 100	5 147	1 485
澧 县	0	1	3 215	24 986	10 078	4 925	4 572	581
临 澧 县	0	0	1 831	9 127	3 180	2 451	317	412
桃 源 县	0	0	0	0	17 600	15 150	2 450	0
石 门 县	0	0	690	1 640	1 640	1 600	0	40
津 市 市	0	0	0	11 852	5 006	4 768	168	70
张家界市	**0**	**0**	**81**	**283**	**4 066**	**2 299**	**1 386**	**381**
永 定 区	0	0	58	224	2 505	760	1 375	370
武陵源区	0	0	5	22	22	15	6	1
慈 利 县	0	0	18	37	1 463	1 463	0	0
桑 植 县	0	0	0	0	76	61	5	10
益 阳 市	**1**	**5**	**31 648**	**89 338**	**62 827**	**31 740**	**23 707**	**7 380**
资 阳 区	0	1	3 723	12 206	11 910	6 874	2 397	2 639
赫 山 区	0	0	2 975	11 190	12 320	4 550	5 850	1 920
南 县	0	0	9 684	30 342	9 192	5 284	3 908	0
桃 江 县	0	0	854	0	2 807	538	2 200	69
安 化 县	0	0	926	2 804	1 780	731	997	52

3-13 续表3

地 区	渔业乡（个）	渔业村（个）	渔业户（户）	渔业人口	从业人员（人）	专业从业人员（人）	兼业从业人员（人）	临时从业人员（人）
沅 江 市	0	0	12 856	31 596	23 618	12 563	8 355	2 700
大通湖区	1	4	630	1 200	1 200	1 200	0	0
郴 州 市	5	39	32 645	133 651	82 625	30 530	42 821	9 274
北 湖 区	0	0	798	3 400	2 040	1 440	0	600
苏 仙 区	0	0	2 380	7 100	4 190	2 170	1 640	380
桂 阳 县	0	1	2 465	23 980	13 510	560	11 550	1 400
宜 章 县	0	0	3 380	13 677	12 415	1 549	7 352	3 514
永 兴 县	0	0	11 220	34 592	13 315	8 975	3 326	1 014
嘉 禾 县	0	0	485	1 780	1 734	569	746	419
临 武 县	0	0	3 314	10 207	8 909	3 072	4 762	1 075
汝 城 县	0	0	1 542	5 120	1 687	741	946	0
桂 东 县	0	0	0	240	242	25	165	52
安 仁 县	0	0	491	10 785	8 873	1 209	7 524	140
资 兴 市	5	38	6 570	22 770	15 710	10 220	4 810	680
永 州 市	0	15	11 539	138 227	139 214	17 488	108 112	13 614
零 陵 区	0	0	493	16 560	10 344	334	9 310	700
冷水滩区	0	0	2 340	5 099	6 050	490	4 550	1 010
祁 阳 市	0	0	3 760	87 295	84 521	4 706	71 590	8 225
东 安 县	0	0	1 160	3 388	2 674	1 881	587	206
双 牌 县	0	0	0	0	0	0	0	0
道 县	0	14	2 261	6 788	3 938	3 256	491	191
江 永 县	0	0	178	6 324	6 992	2 857	3 570	565
宁 远 县	0	1	732	2 596	14 565	2 185	12 012	368
蓝 山 县	0	0	134	5 712	5 362	182	5 016	164
新 田 县	0	0	0	2 030	625	575	0	50
江华自治县	0	0	463	2 365	1 651	950	651	50
金洞管理区	0	0	0	0	0	0	0	0
回龙圩管理区	0	0	18	70	2 492	72	335	2 085
怀 化 市	0	4	5 088	24 570	23 284	11 702	10 411	1 171

3-13 续表4

地　区	渔业乡（个）	渔业村（个）	渔业户（户）	渔业人口	从业人员（人）	专业从业人员（人）	兼业从业人员（人）	临时从业人员（人）
鹤城区	0	0	180	1 520	610	210	170	230
中方县	0	0	0	0	332	212	120	0
沅陵县	0	0	1 461	7 208	8 877	6 573	1 874	430
辰溪县	0	4	0	50	50	50	0	0
溆浦县	0	0	1 200	6 000	5 600	2 300	3 300	0
会同县	0	0	0	0	1 440	139	1 301	0
麻阳自治县	0	0	709	984	455	190	171	94
新晃自治县	0	0	21	42	0	0	0	0
芷江自治县	0	0	1 046	3 350	2 370	601	1 769	0
靖州自治县	0	0	78	400	1 148	436	712	0
通道自治县	0	0	183	806	962	371	324	267
洪江市	0	0	210	4 210	1 440	620	670	150
洪江区	0	0	0	0	0	0	0	0
娄底市	**0**	**6**	**5 030**	**50 641**	**46 935**	**12 344**	**30 330**	**4 261**
娄星区	0	0	790	5 480	4 542	412	1 430	2 700
双峰县	0	6	526	2 359	1 640	1 107	533	0
新化县	0	0	3 065	38 295	33 301	10 425	21 995	881
冷水江市	0	0	515	4 106	3 580	340	2 560	680
涟源市	0	0	0	0	3 784	22	3 762	0
经开区	0	0	134	401	88	38	50	0
湘西自治州	**0**	**1**	**1 754**	**6 484**	**11 075**	**1 309**	**5 093**	**4 673**
吉首市	0	0	0	0	267	0	218	49
泸溪县	0	1	216	854	552	377	135	40
凤凰县	0	0	396	1 428	560	0	560	0
花垣县	0	0	0	0	118	6	92	20
保靖县	0	0	0	0	3 962	37	0	3 925
古丈县	0	0	0	0	218	10	153	55
永顺县	0	0	326	1 061	1 048	611	437	0
龙山县	0	0	816	3 141	4 350	268	3 498	584

3-14 各县（区）渔业灾情

地　　区	损毁面积（公顷）	水产品损失（吨）	直接损失（万元）	损毁渔业设施				
				池塘（公顷）	堤坝（米）	苗种场（个）	工厂化设施（座）	船损（艘）
全省总计	**36 648**	**37 821**	**325 087**	**14 091**	**133 732**	**29**	**205**	**27**
长 沙 市	**72**	**146**	**122**	**0**	**0**	**0**	**0**	**0**
芙 蓉 区	0	0	0	0	0	0	0	0
天 心 区	0	0	0	0	0	0	0	0
岳 麓 区	0	0	0	0	0	0	0	0
开 福 区	0	30	0	0	0	0	0	0
雨 花 区	0	0	0	0	0	0	0	0
望 城 区	67	105	100	0	0	0	0	0
长 沙 县	0	0	0	0	0	0	0	0
宁 乡 县	5	11	22	0	0	0	0	0
浏 阳 市	0	0	0	0	0	0	0	0
株 洲 市	**981**	**847**	**6 976**	**246**	**0**	**3**	**86**	**0**
荷 塘 区	0	0	0	0	0	0	0	0
芦 淞 区	0	0	0	0	0	0	0	0
石 峰 区	0	0	0	0	0	0	0	0
天 元 区	119	189	0	0	0	0	0	0
渌 口 区	431	150	3 180	0	0	0	63	0
攸 　 县	53	0	138	0	0	0	4	0
茶 陵 县	33	188	57	1	0	3	2	0
炎 陵 县	19	200	2 000	0	0	0	15	0
醴 陵 市	326	120	1 601	245	0	0	2	0
湘 潭 市	**1 339**	**2 133**	**3 092**	**660**	**17 580**	**2**	**0**	**0**
雨 湖 区	206	310	280	0	1 230	0	0	0
岳 塘 区	0	0	0	0	0	0	205	27
湘 潭 县	1 076	1 667	2 489	637	16 250	2	0	0
湘 乡 市	57	156	323	23	100	0	0	0
韶 山 市	0	0	0	0	0	0	0	0

3-14 续表1

地　　区	损毁面积（公顷）	水产品损失（吨）	直接损失（万元）	损毁渔业设施				
				池塘（公顷）	堤坝（米）	苗种场（个）	工厂化设施（座）	船损（艘）
衡 阳 市	**842**	**524**	**1 096**	**37**	**270**	**0**	**0**	**0**
珠 晖 区	10	55	11	0	0	0	0	0
雁 峰 区	0	0	0	0	0	0	0	0
石 鼓 区	0	0	0	0	0	0	0	0
蒸 湘 区	0	0	0	0	0	0	0	0
南 岳 区	0	53	112	27	0	0	0	0
衡 阳 县	610	105	215	10	0	0	0	0
衡 南 县	0	0	0	0	0	0	0	0
衡 山 县	84	172	480	0	0	0	0	0
衡 东 县	0	0	0	0	0	0	0	0
祁 东 县	63	100	174	0	270	0	0	0
耒 阳 市	32	24	35	0	0	0	0	0
常 宁 市	43	15	69	0	0	0	0	0
邵 阳 市	**7 728**	**6 273**	**10 707**	**1 829**	**2 733**	**1**	**1**	**0**
双 清 区	0	0	0	0	0	0	0	0
大 祥 区	0	0	0	0	0	0	0	0
北 塔 区	1	0	15	2	11	0	0	0
邵 东 市	1 933	3 581	4 766	893	722	0	1	0
新 邵 县	1 873	1 130	1 800	540	2 000	0	0	0
邵 阳 县	802	205	409	328	0	1	0	0
隆 回 县	750	160	860	0	0	0	0	0
洞 口 县	2 190	621	928	0	0	0	0	0
绥 宁 县	52	230	530	50	0	0	0	0
新 宁 县	121	340	1 370	16	270	0	0	0
城步自治县	0	6	15	0	0	0	0	0
武 冈 市	6	0	14	0	0	0	0	0
岳 阳 市	**5 700**	**7 384**	**23 503**	**7 711**	**3 480**	**5**	**2**	**20**
岳阳楼区	0	0	0	0	0	0	0	0
云 溪 区	949	86	896	949	0	0	0	0

3-14 续表2

地　区	损毁面积（公顷）	水产品损失（吨）	直接损失（万元）	损毁渔业设施				
				池塘（公顷）	堤坝（米）	苗种场（个）	工厂化设施（座）	船损（艘）
君 山 区	15	150	43	15	2 000	3	0	0
岳 阳 县	212	1 320	1 060	50	600	0	0	0
华 容 县	408	3 674	8 816	408	0	0	0	0
湘 阴 县	1 333	1 240	2 350	5 667	0	0	0	0
平 江 县	8	93	8 734	8	800	1	1	20
汨 罗 市	11	21	18	8	30	1	1	0
临 湘 市	134	190	266	0	50	0	0	0
屈原管理区	2 630	610	1 320	606	0	0	0	0
常 德 市	4 842	2 612	5 598	785	85	2	21	0
武 陵 区	9	5	26	1	0	0	0	0
鼎 城 区	142	145	60	35	85	0	0	0
安 乡 县	2 840	720	720	0	0	0	0	0
汉 寿 县	164	220	1 677	133	0	0	21	0
澧 县	0	1 070	527	325	0	2	0	0
临 澧 县	1 418	112	244	46	0	0	0	0
桃 源 县	239	329	2 224	239	0	0	0	0
石 门 县	30	11	120	6	0	0	0	0
津 市 市	0	0	0	0	0	0	0	0
张家界市	1 214	25	62	0	0	0	0	0
永 定 区	1 200	20	40	0	0	0	0	0
武陵源区	1	1	12	0	0	0	0	0
慈 利 县	0	0	0	0	0	0	0	0
桑 植 县	13	4	10	0	0	0	0	0
益 阳 市	781	1 192	4 604	394	4 420	2	1	0
资 阳 区	62	30	165	11	0	0	0	0
赫 山 区	541	471	1 793	206	4 420	2	1	0
南 县	0	0	0	0	0	0	0	0
桃 江 县	1	10	40	0	0	0	0	0
安 化 县	177	681	2 606	177	0	0	0	0

3-14 续表3

地　区	损毁面积（公顷）	水产品损失（吨）	直接损失（万元）	损毁渔业设施				
				池塘（公顷）	堤坝（米）	苗种场（个）	工厂化设施（座）	船损（艘）
沅 江 市	0	0	0	0	0	0	0	0
大通湖区	0	0	0	0	0	0	0	0
郴 州 市	**9 596**	**13 142**	**260 528**	**1 580**	**100 306**	**5**	**86**	**7**
北 湖 区	4	14	63	4	100	0	0	0
苏 仙 区	126	1 069	14 457	0	300	1	1	6
桂 阳 县	40	50	56	2	0	0	0	0
宜 章 县	7	20	23	0	0	0	0	0
永 兴 县	175	436	1 126	54	600	0	2	1
嘉 禾 县	0	0	0	0	0	0	0	0
临 武 县	0	0	0	0	0	0	0	0
汝 城 县	74	155	735	21	630	0	0	0
桂 东 县	87	88	350	9	100	0	60	0
安 仁 县	273	310	600	73	76	1	0	0
资 兴 市	8 810	11 000	243 118	1 417	98 500	3	23	0
永 州 市	**928**	**1 174**	**2 943**	**151**	**1 388**	**2**	**2**	**0**
零 陵 区	64	60	136	5	10	0	1	0
冷水滩区	38	0	120	0	0	0	0	0
祁 阳 市	58	110	235	18	0	0	1	0
东 安 县	311	248	980	54	0	1	0	0
双 牌 县	38	0	61	38	0	0	0	0
道　　县	56	210	370	8	0	0	0	0
江 永 县	0	0	0	0	0	0	0	0
宁 远 县	0	0	0	0	0	0	0	0
蓝 山 县	58	158	283	27	1 372	1	0	0
新 田 县	0	0	0	0	0	0	0	0
江华自治县	285	341	693	1	6	0	0	0
金洞管理区	20	47	65	0	0	0	0	0
回龙圩管理区	0	0	0	0	0	0	0	0
怀 化 市	**1 949**	**1 538**	**3 166**	**531**	**2 200**	**6**	**3**	**0**

3-14 续表4

地　区	损毁面积（公顷）	水产品损失（吨）	直接损失（万元）	损毁渔业设施				
				池塘（公顷）	堤坝（米）	苗种场（个）	工厂化设施（座）	船损（艘）
鹤 城 区	0	0	0	0	0	0	0	0
中 方 县	52	102	225	28	0	0	0	0
沅 陵 县	150	200	585	5	0	1	1	0
辰 溪 县	401	441	721	96	0	0	1	0
溆 浦 县	0	0	0	0	0	0	0	0
会 同 县	0	0	0	0	0	0	0	0
麻阳自治县	105	206	329	12	0	2	1	0
新晃自治县	3	9	24	0	0	0	0	0
芷江自治县	0	0	0	0	0	0	0	0
靖州自治县	332	55	215	0	0	0	0	0
通道自治县	538	75	305	22	1 800	3	0	0
洪 江 市	368	450	762	368	400	0	0	0
洪 江 区	0	0	0	0	0	0	0	0
娄 底 市	**503**	**657**	**1 713**	**164**	**1 200**	**0**	**3**	**0**
娄 星 区	120	90	370	80	1 200	0	0	0
双 峰 县	221	208	420	21	0	0	3	0
新 化 县	83	103	310	0	0	0	0	0
冷水江市	57	173	403	63	0	0	0	0
涟 源 市	20	80	180	0	0	0	0	0
经 开 区	2	3	30	0	0	0	0	0
湘西自治州	**173**	**174**	**977**	**3**	**70**	**1**	**0**	**0**
吉 首 市	12	2	10	1	0	0	0	0
泸 溪 县	127	139	836	0	50	1	0	0
凤 凰 县	2	6	30	1	0	0	0	0
花 垣 县	6	1	6	0	0	0	0	0
保 靖 县	7	21	75	0	0	0	0	0
古 丈 县	14	2	15	1	20	0	0	0
永 顺 县	0	0	0	0	0	0	0	0
龙 山 县	5	3	5	0	0	0	0	0

第四部分

综合指标延伸数据

4-1 综合指标延伸表（一）

单位：公顷

地　　区	名特优水产养殖面积	名优鱼类	龟鳖类	虾蟹类	鳅鳝类	其他类
全省合计	**147 107**	**64 493**	**34 003**	**38 108**	**2 765**	**7 738**
长 沙 市	**4 826**	**3 789**	**308**	**455**	**72**	**202**
芙 蓉 区	0	0	0	0	0	0
天 心 区	7	0	2	5	0	0
岳 麓 区	347	174	0	173	0	0
开 福 区	108	68	6	34	0	0
雨 花 区	0	0	0	0	0	0
望 城 区	724	614	87	13	0	10
长 沙 县	124	24	85	6	0	9
宁 乡 县	2 770	2 363	62	145	67	133
浏 阳 市	746	546	66	79	5	50
株 洲 市	**1 537**	**536**	**78**	**632**	**55**	**236**
荷 塘 区	0	0	0	0	0	0
芦 淞 区	0	0	0	0	0	0
石 峰 区	0	0	0	0	0	0
天 元 区	0	0	0	0	0	0
渌 口 区	82	25	16	26	0	15
攸 　 县	429	25	12	340	22	30
茶 陵 县	315	217	0	15	0	83
炎 陵 县	71	0	12	22	0	37
醴 陵 市	640	269	38	229	33	71
湘 潭 市	**7 182**	**4 157**	**211**	**2 528**	**5**	**281**
雨 湖 区	1 277	955	86	104	0	132
岳 塘 区	282	242	13	18	0	9
湘 潭 县	2 880	1 010	80	1 790	0	0
湘 乡 市	2 640	1 905	32	558	5	140

4-1 续表1

地　区	名特优水产养殖面积	名优鱼类	龟鳖类	虾蟹类	鳅鳝类	其他类
韶 山 市	103	45	0	58	0	0
衡 阳 市	**13 986**	**9 651**	**2 072**	**1 059**	**506**	**698**
珠 晖 区	127	21	44	37	3	22
雁 峰 区	7	0	7	0	0	0
石 鼓 区	92	89	2	0	0	1
蒸 湘 区	144	142	2	0	0	0
南 岳 区	12	5	0	0	0	7
衡 阳 县	4 539	2 305	1 509	513	48	164
衡 南 县	2 193	1 654	128	273	31	107
衡 山 县	1 352	1 284	21	28	13	6
衡 东 县	408	325	26	33	14	10
祁 东 县	925	510	88	115	101	111
耒 阳 市	2 777	2 756	15	0	6	0
常 宁 市	1 410	560	230	60	290	270
邵 阳 市	**4 915**	**640**	**198**	**1 053**	**359**	**2 665**
双 清 区	0	0	0	0	0	0
大 祥 区	78	1	10	15	30	22
北 塔 区	0	0	0	0	0	0
邵 东 市	2 791	116	52	152	58	2 413
新 邵 县	654	47	0	527	0	80
邵 阳 县	200	88	3	96	5	8
隆 回 县	84	0	43	0	41	0
洞 口 县	790	355	63	140	137	95
绥 宁 县	112	0	14	20	38	40
新 宁 县	140	33	13	73	14	7
城 步 自 治 县	66	0	0	30	36	0
武 冈 市	0	0	0	0	0	0
岳 阳 市	**23 214**	**8 830**	**3 599**	**9 365**	**243**	**1 177**
岳 阳 楼 区	0	0	0	0	0	0

地 区	名特优水产养殖面积	名优鱼类	龟鳖类	虾蟹类	鳅鳝类	其他类
云 溪 区	1 867	0	0	1 867	0	0
君 山 区	1 566	1 491	18	26	30	1
岳 阳 县	5 729	2 297	10	3 167	5	250
华 容 县	3 370	1 400	259	1 467	27	217
湘 阴 县	5 836	3 333	2 133	330	40	0
平 江 县	231	0	0	213	2	16
汨 罗 市	216	38	16	136	18	8
临 湘 市	4 081	123	1 147	2 157	109	545
屈原管理区	318	148	16	2	12	140
常 德 市	**49 271**	**17 500**	**23 865**	**6 709**	**297**	**900**
武 陵 区	1 230	75	1 060	87	0	8
鼎 城 区	10 616	2 090	4 193	3 705	35	593
安 乡 县	11 560	8 811	2 556	68	70	55
汉 寿 县	17 556	4 157	13 000	133	66	200
澧 县	5 984	1 300	2 800	1 866	18	0
临 澧 县	136	56	65	7	8	0
桃 源 县	500	330	75	55	30	10
石 门 县	147	31	2	100	0	14
津 市 市	1 542	650	114	688	70	20
张家界市	**319**	**31**	**3**	**156**	**1**	**128**
永 定 区	49	10	0	6	1	32
武 陵 源 区	5	1	0	0	0	4
慈 利 县	250	20	3	150	0	77
桑 植 县	15	0	0	0	0	15
益 阳 市	**28 742**	**11 332**	**3 131**	**13 376**	**610**	**293**
资 阳 区	3 675	2 514	293	867	0	1
赫 山 区	4 300	3 467	773	0	53	7
南 县	4 813	3 407	1 048	223	135	0
桃 江 县	1 571	159	23	1 201	15	173

4-1 续表3

地 区	名特优水产养殖面积	名优鱼类	龟鳖类	虾蟹类	鳅鳝类	其他类
安 化 县	57	35	8	0	7	7
沅 江 市	3 455	1 750	950	260	390	105
大 通 湖 区	10 871	0	36	10 825	10	0
郴 州 市	**4 087**	**2 744**	**86**	**556**	**132**	**569**
北 湖 区	6	0	0	6	0	0
苏 仙 区	93	27	5	30	17	14
桂 阳 县	825	602	13	33	12	165
宜 章 县	92	40	0	25	2	25
永 兴 县	632	70	23	185	14	340
嘉 禾 县	85	10	1	27	47	0
临 武 县	189	60	9	93	14	13
汝 城 县	40	0	0	20	19	1
桂 东 县	12	4	0	0	0	8
安 仁 县	74	10	7	47	7	3
资 兴 市	2 039	1 921	28	90	0	0
永 州 市	**5 452**	**3 227**	**173**	**1 591**	**295**	**166**
零 陵 区	573	508	16	34	15	0
冷 水 滩 区	552	271	0	249	25	7
祁 阳 市	1 510	335	50	995	120	10
东 安 县	1 558	1 510	25	19	1	3
双 牌 县	16	0	5	6	4	1
道 县	329	258	63	8	0	0
江 永 县	451	284	1	60	106	0
宁 远 县	118	8	0	5	13	92
蓝 山 县	219	0	3	186	9	21
新 田 县	33	0	8	6	0	19
江 华 自 治 县	89	52	1	21	2	13
金 洞 管 理 区	4	1	1	2	0	0
回 龙 圩 管 理 区	0	0	0	0	0	0

地　　区	名特优水产养殖面积	名优鱼类	龟鳖类	虾蟹类	鳅鳝类	其他类
怀 化 市	1 842	1 271	114	135	65	257
鹤 城 区	51	38	2	8	0	3
中 方 县	154	120	0	0	30	4
沅 陵 县	183	0	60	0	3	120
辰 溪 县	0	0	0	0	0	0
溆 浦 县	720	720	0	0	0	0
会 同 县	0	0	0	0	0	0
麻阳自治县	88	29	8	44	3	4
新晃自治县	0	0	0	0	0	0
芷江自治县	458	301	20	51	7	79
靖州自治县	97	40	16	13	19	9
通道自治县	46	11	6	13	3	13
洪 江 市	39	8	2	6	0	23
洪 江 区	6	4	0	0	0	2
娄 底 市	1 403	669	148	358	103	125
娄 星 区	500	341	47	73	39	0
双 峰 县	405	122	90	139	25	29
新 化 县	268	101	3	90	8	66
冷 水 江 市	54	41	0	2	11	0
涟 源 市	154	51	8	45	20	30
经 开 区	22	13	0	9	0	0
湘西自治州	331	116	17	135	22	41
吉 首 市	23	6	10	3	2	2
泸 溪 县	159	10	4	112	11	22
凤 凰 县	4	2	1	1	0	0
花 垣 县	16	10	0	0	6	0
保 靖 县	2	2	0	0	0	0
古 丈 县	2	0	0	0	1	1
永 顺 县	23	3	1	5	0	14
龙 山 县	102	83	1	14	2	2

4－2 综合指标延伸表（二）

地　区	稻渔综合种养面积（公顷）			稻渔综合种养水产品产量（吨）		
	稻田养鱼	稻虾、蟹	稻蛙及其他	稻田养鱼	稻虾、蟹	稻蛙及其他
全省合计	128 832	221 007	8 129	83 530	479 790	30 771
长沙市	1 914	6 088	725	2 510	14 376	757
芙蓉区	0	0	0	0	0	0
天心区	0	0	0	0	0	0
岳麓区	179	0	0	175	0	0
开福区	20	60	0	55	115	0
雨花区	0	0	0	0	0	0
望城区	0	4 667	0	0	11 500	0
长沙县	13	485	10	40	626	12
宁乡县	1 528	642	600	1 850	1 385	15
浏阳市	174	234	115	390	750	730
株洲市	1 650	405	98	1 610	1 486	964
荷塘区	0	0	0	0	0	0
芦淞区	0	0	0	0	0	0
石峰区	0	0	0	0	0	0
天元区	0	0	0	0	0	0
渌口区	881	0	19	402	558	20
攸县	0	275	25	0	240	590
茶陵县	0	81	5	0	367	3
炎陵县	160	0	0	27	0	0
醴陵市	609	49	49	1 181	321	351
湘潭市	3 495	4 845	869	3 983	9 013	1 745
雨湖区	48	301	656	362	1 064	734
岳塘区	7	16	3	14	20	4
湘潭县	2 224	3 342	120	2 700	5 960	390
湘乡市	1 150	1 131	71	776	1 901	548
韶山市	66	55	19	131	68	69

地　　区	稻渔综合种养面积（公顷）			稻渔综合种养水产品产量（吨）		
	稻田养鱼	稻虾、蟹	稻蛙及其他	稻田养鱼	稻虾、蟹	稻蛙及其他
衡 阳 市	**6 736**	**2 926**	**1 404**	**12 093**	**5 309**	**2 126**
珠 晖 区	0	0	0	0	0	0
雁 峰 区	0	0	0	0	0	0
石 鼓 区	0	0	0	0	0	0
蒸 湘 区	0	6	0	2	11	0
南 岳 区	0	0	0	0	0	0
衡 阳 县	3 796	742	757	5 843	1 499	612
衡 南 县	365	279	80	710	586	102
衡 山 县	637	208	38	1 035	165	586
衡 东 县	94	267	70	241	555	54
祁 东 县	738	271	116	1 840	329	268
耒 阳 市	76	213	268	122	408	464
常 宁 市	1 030	940	75	2 300	1 756	40
邵 阳 市	**10 292**	**3 316**	**1 347**	**5 585**	**1 750**	**1 650**
双 清 区	0	0	0	0	0	0
大 祥 区	118	62	35	32	39	15
北 塔 区	10	0	0	7	0	0
邵 东 市	811	1 020	50	561	710	120
新 邵 县	2 067	527	647	2 680	450	334
邵 阳 县	1 837	768	60	268	230	32
隆 回 县	200	0	300	50	0	0
洞 口 县	117	64	79	592	71	907
绥 宁 县	780	10	70	328	41	171
新 宁 县	1 654	80	66	682	104	51
城步自治县	197	30	40	107	13	20
武 冈 市	2 501	755	0	278	92	0
岳 阳 市	**140**	**67 472**	**411**	**820**	**143 304**	**3 597**
岳阳楼区	0	0	0	0	0	0
云 溪 区	0	2 066	0	0	1 815	0

4-2 续表2

地 区	稻渔综合种养面积（公顷）			稻渔综合种养水产品产量（吨）		
	稻田养鱼	稻虾、蟹	稻蛙及其他	稻田养鱼	稻虾、蟹	稻蛙及其他
君 山 区	30	15 870	0	23	33 577	0
岳 阳 县	0	1 980	20	0	3 509	148
华 容 县	5	20 906	7	28	54 025	46
湘 阴 县	0	6 533	0	0	12 110	0
平 江 县	8	320	52	9	328	283
汨 罗 市	12	3 730	0	80	3 770	0
临 湘 市	16	12 667	297	200	26 260	2 810
屈原管理区	69	3 400	35	480	7 910	310
常 德 市	**1 695**	**35 201**	**480**	**1 969**	**69 524**	**8 418**
武 陵 区	30	160	10	115	665	8
鼎 城 区	412	7 180	67	337	9 400	1 430
安 乡 县	138	10 008	54	510	20 650	340
汉 寿 县	467	8 848	15	225	15 998	5 115
澧 县	0	5 563	104	0	13 987	185
临 澧 县	339	663	85	610	3 565	175
桃 源 县	251	1 436	43	132	1 810	920
石 门 县	8	90	56	30	180	70
津 市 市	50	1 253	46	10	3 269	175
张家界市	**296**	**95**	**50**	**262**	**165**	**140**
永 定 区	161	10	0	82	15	0
武陵源区	0	0	0	0	0	0
慈 利 县	115	85	50	160	150	140
桑 植 县	20	0	0	20	0	0
益 阳 市	**2 796**	**91 466**	**917**	**1 682**	**226 004**	**6 606**
资 阳 区	214	6 815	26	159	10 345	939
赫 山 区	27	5 200	160	100	7 820	2 580
南 县	0	41 337	0	0	121 040	0
桃 江 县	163	1 246	158	279	1 253	1 472
安 化 县	2 392	138	93	1 144	167	115

4-2 续表3

地　　区	稻渔综合种养面积（公顷）			稻渔综合种养水产品产量（吨）		
	稻田养鱼	稻虾、蟹	稻蛙及其他	稻田养鱼	稻虾、蟹	稻蛙及其他
沅 江 市	0	27 520	480	0	61 220	1 500
大通湖区	0	9 210	0	0	24 159	0
郴 州 市	15 678	1 546	454	4 865	1 007	2 159
北 湖 区	1 384	6	10	414	22	0
苏 仙 区	2 058	26	14	545	40	285
桂 阳 县	2 406	506	191	1 009	190	96
宜 章 县	1 000	21	39	794	46	55
永 兴 县	1 400	167	22	625	218	1 400
嘉 禾 县	85	10	3	65	31	13
临 武 县	3 404	672	126	957	279	235
汝 城 县	60	40	33	22	85	21
桂 东 县	383	0	0	50	0	0
安 仁 县	164	15	8	36	34	54
资 兴 市	3 334	83	8	348	62	0
永 州 市	27 071	6 055	475	17 750	5 275	1 620
零 陵 区	4 197	1 134	0	792	1 589	65
冷水滩区	416	111	170	1 378	268	600
祁 阳 市	2 940	4 030	55	6 019	2 399	282
东 安 县	7 783	25	8	2 107	48	235
双 牌 县	136	28	16	932	10	33
道 　 县	7 715	511	146	3 160	365	335
江 永 县	2 750	0	1	1 939	6	0
宁 远 县	730	0	18	1 190	0	0
蓝 山 县	29	179	12	16	532	21
新 田 县	192	33	42	133	43	27
江华自治县	127	3	7	34	4	20
金洞管理区	42	1	0	45	11	2
回龙圩管理区	14	0	0	5	0	0
怀 化 市	25 380	206	624	10 895	295	632

4-2 续表4

地　区	稻渔综合种养面积（公顷）			稻渔综合种养水产品产量（吨）		
	稻田养鱼	稻虾、蟹	稻蛙及其他	稻田养鱼	稻虾、蟹	稻蛙及其他
鹤　城　区	388	8	5	123	20	30
中　方　县	1 665	105	100	541	215	104
沅　陵　县	720	0	0	650	0	0
辰　溪　县	10 520	0	0	5 527	0	0
溆　浦　县	3 000	0	200	1 209	0	12
会　同　县	552	0	208	190	0	103
麻阳自治县	366	40	4	87	3	2
新晃自治县	1 023	0	0	604	0	0
芷江自治县	523	28	60	130	22	32
靖州自治县	3 000	14	8	1 037	13	25
通道自治县	3 608	6	7	785	10	21
洪　江　市	5	5	22	7	12	261
洪　江　区	10	0	10	5	0	42
娄　底　市	**21 570**	**1 246**	**158**	**15 352**	**2 134**	**285**
娄　星　区	900	67	33	236	200	64
双　峰　县	375	1 089	68	337	1 824	177
新　化　县	15 007	65	41	11 028	41	14
冷水江市	2 442	14	11	860	9	20
涟　源　市	2 844	11	5	2 890	60	10
经　开　区	2	0	0	1	0	0
湘西自治州	**10 119**	**140**	**117**	**4 154**	**148**	**72**
吉　首　市	977	0	0	370	0	0
泸　溪　县	834	33	2	351	100	30
凤　凰　县	1 300	0	0	482	0	0
花　垣　县	1 553	50	70	835	11	8
保　靖　县	1 533	0	1	690	0	7
古　丈　县	1 666	8	0	494	16	0
永　顺　县	1 189	39	38	576	6	19
龙　山　县	1 067	10	6	356	15	8

4-3　综合指标延伸表（三）

地　　区	推广新品种		湘莲渔种养		规模养殖户（50亩以上）	
	面积（公顷）	产量（吨）	面积（公顷）	产量（吨）	数量（户）	面积（公顷）
全省合计	28 545	84 918	35 907	53 163	13 785	87 100
长 沙 市	54	210	52	52	157	7480
芙 蓉 区	0	0	0	0	0	0
天 心 区	0	0	0	0	0	0
岳 麓 区	0	0	0	0	36	175
开 福 区	0	0	0	0	0	0
雨 花 区	0	0	0	0	0	0
望 城 区	0	0	0	0	0	0
长 沙 县	0	0	0	0	18	1 565
宁 乡 县	54	210	0	0	67	5 420
浏 阳 市	0	0	52	52	36	320
株 洲 市	0	0	650	1 172	331	3 648
荷 塘 区	0	0	0	0	0	0
芦 淞 区	0	0	0	0	0	0
石 峰 区	0	0	0	0	0	0
天 元 区	0	0	0	0	0	0
渌 口 区	0	0	650	1 172	0	0
攸　　县	0	0	0	0	280	2 820
茶 陵 县	0	0	0	0	0	0
炎 陵 县	0	0	0	0	6	86
醴 陵 市	0	0	0	0	45	742
湘 潭 市	2 912	3 858	7 115	10 556	74	742
雨 湖 区	0	0	42	63	20	226
岳 塘 区	0	0	0	0	6	31
湘 潭 县	2 840	3 460	6 930	10 300	19	182
湘 乡 市	72	398	98	127	17	162
韶 山 市	0	0	45	66	12	141

4-3 续表1

地　　区	推广新品种		湘莲渔种养		规模养殖户（50亩以上）	
	面积 （公顷）	产量 （吨）	面积 （公顷）	产量 （吨）	数量 （户）	面积 （公顷）
衡 阳 市	**2 391**	**16 440**	**3 539**	**5 804**	**1 228**	**11 433**
珠 晖 区	0	0	0	0	4	109
雁 峰 区	0	0	0	0	3	54
石 鼓 区	0	0	0	0	3	56
蒸 湘 区	335	1 223	0	0	37	147
南 岳 区	0	0	0	0	1	10
衡 阳 县	1 688	11 541	1 203	2 654	210	3 021
衡 南 县	212	2 132	712	1 425	205	2 024
衡 山 县	156	1 544	205	312	63	468
衡 东 县	0	0	108	233	5	19
祁 东 县	0	0	1 071	794	309	2 082
耒 阳 市	0	0	220	236	335	2 533
常 宁 市	0	0	20	150	53	910
邵 阳 市	**1 714**	**1 825**	**694**	**2 959**	**837**	**5 148**
双 清 区	0	0	0	0	0	0
大 祥 区	3	2	0	0	9	138
北 塔 区	0	0	0	0	0	0
邵 东 市	1 500	280	65	17	89	850
新 邵 县	0	0	400	1 440	100	1 080
邵 阳 县	0	0	0	0	85	680
隆 回 县	0	0	150	27	19	216
洞 口 县	211	1 543	65	1 443	190	1 067
绥 宁 县	0	0	14	32	10	30
新 宁 县	0	0	0	0	16	25
城 步 自 治 县	0	0	0	0	10	41
武 冈 市	0	0	0	0	309	1 021
岳 阳 市	**5 034**	**7 977**	**6 142**	**22 858**	**5 655**	**12 867**
岳 阳 楼 区	0	0	0	0	0	0
云 溪 区	0	0	26	35	0	0

4-3 续表2

地 区	推广新品种		湘莲渔种养		规模养殖户（50亩以上）	
	面积（公顷）	产量（吨）	面积（公顷）	产量（吨）	数量（户）	面积（公顷）
君 山 区	0	0	2 166	4 880	243	817
岳 阳 县	4 655	3 260	1 300	2 110	270	5 000
华 容 县	12	18	275	603	151	3 195
湘 阴 县	260	3 940	590	12 930	300	1 333
平 江 县	7	9	0	0	5	36
汨 罗 市	0	0	0	0	4 400	656
临 湘 市	0	0	1 545	2 300	240	1 100
屈原管理区	100	750	240	0	46	730
常 德 市	**11 015**	**13 110**	**15 079**	**6 332**	**1 855**	**17 391**
武 陵 区	0	0	111	188	66	861
鼎 城 区	10 810	10 350	2 620	3 145	565	3 000
安 乡 县	0	0	0	0	0	0
汉 寿 县	135	2 105	11 212	1 251	560	1 867
澧 县	0	0	795	902	423	9 633
临 澧 县	0	0	24	110	68	362
桃 源 县	20	240	12	23	82	863
石 门 县	0	0	0	0	3	18
津 市 市	50	415	305	713	88	787
张家界市	**20**	**300**	**0**	**0**	**94**	**1 190**
永 定 区	0	0	0	0	0	0
武陵源区	0	0	0	0	0	0
慈 利 县	20	300	0	0	94	1 190
桑 植 县	0	0	0	0	0	0
益 阳 市	**2 550**	**23 013**	**1 565**	**2 473**	**454**	**5 069**
资 阳 区	453	865	733	1 650	55	882
赫 山 区	135	495	195	290	86	1 360
南 县	21	495	0	0	150	1 750
桃 江 县	16	5	0	0	36	463
安 化 县	620	4 032	35	55	0	0

4-3 续表3

地 区	推广新品种		湘莲渔种养		规模养殖户（50亩以上）	
	面积（公顷）	产量（吨）	面积（公顷）	产量（吨）	数量（户）	面积（公顷）
沅 江 市	880	16 500	300	50	82	330
大通湖区	425	621	302	428	45	284
郴 州 市	**1 285**	**3 339**	**469**	**613**	**512**	**5 071**
北 湖 区	0	0	0	0	40	160
苏 仙 区	25	390	87	221	53	670
桂 阳 县	0	0	0	0	158	1 358
宜 章 县	24	170	1	6	17	89
永 兴 县	216	360	160	12	85	1 706
嘉 禾 县	0	0	0	0	29	0
临 武 县	1 018	2 389	0	0	72	813
汝 城 县	0	0	0	0	1	25
桂 东 县	0	0	0	0	0	0
安 仁 县	0	0	221	374	51	170
资 兴 市	2	30	0	0	6	80
永 州 市	**858**	**897**	**534**	**313**	**1 235**	**8 930**
零 陵 区	0	0	0	0	104	331
冷水滩区	0	0	0	0	227	2 198
祁 阳 市	42	17	499	232	262	3 910
东 安 县	810	840	35	81	411	1 914
双 牌 县	0	0	0	0	0	0
道 县	0	0	0	0	138	0
江 永 县	0	0	0	0	0	0
宁 远 县	0	0	0	0	8	70
蓝 山 县	0	0	0	0	31	148
新 田 县	0	0	0	0	0	36
江华自治县	6	40	0	0	54	323
金洞管理区	0	0	0	0	0	0
回龙圩管理区	0	0	0	0	0	0
怀 化 市	**425**	**6 350**	**0**	**0**	**835**	**4 786**

地 区	推广新品种		湘莲渔种养		规模养殖户（50亩以上）	
	面积 （公顷）	产量 （吨）	面积 （公顷）	产量 （吨）	数量 （户）	面积 （公顷）
鹤 城 区	3	20	0	0	27	290
中 方 县	0	0	0	0	0	0
沅 陵 县	2	30	0	0	132	2 810
辰 溪 县	0	0	0	0	0	0
溆 浦 县	420	6 300	0	0	21	373
会 同 县	0	0	0	0	0	0
麻阳自治县	0	0	0	0	564	496
新晃自治县	0	0	0	0	0	0
芷江自治县	0	0	0	0	0	0
靖州自治县	0	0	0	0	12	98
通道自治县	0	0	0	0	7	65
洪 江 市	0	0	0	0	71	646
洪 江 区	0	0	0	0	1	8
娄 底 市	**287**	**7 599**	**68**	**31**	**341**	**1 537**
娄 星 区	136	304	68	31	100	359
双 峰 县	0	0	0	0	80	320
新 化 县	129	7 285	0	0	98	380
冷水江市	22	10	0	0	34	210
涟 源 市	0	0	0	0	29	268
经 开 区	0	0	0	0	0	0
湘西自治州	**0**	**0**	**0**	**0**	**177**	**1 808**
吉 首 市	0	0	0	0	0	0
泸 溪 县	0	0	0	0	151	1 021
凤 凰 县	0	0	0	0	0	0
花 垣 县	0	0	0	0	0	0
保 靖 县	0	0	0	0	16	193
古 丈 县	0	0	0	0	0	0
永 顺 县	0	0	0	0	0	501
龙 山 县	0	0	0	0	10	93

第五部分

附　　录

附录1 渔业统计调查制度总说明

一、目的意义

为全面了解我国渔业事业、渔业生产活动和渔业行政管理等方面的基本情况，及时反映渔业建设和发展成就，正确把握渔业发展形势，为国家制定渔业政策和进行宏观管理提供数据支撑、信息反馈和决策咨询，特实行渔业统计调查项目。渔业统计调查的基本任务是对渔业生产及经营情况进行统计调查和统计分析，提供统计资料和咨询意见，实行统计监督。

二、统计对象和范围

各种经营组织类型、全部渔业生产单位和非渔业生产单位附属的渔业生产活动，但不包括渔业科学研究机构进行的渔业生产。

三、主要内容

渔业生产情况、渔业经济情况、渔民家庭收支情况等。

四、时间要求和调查频率

本调查制度按报告期分别为年报、半年报和月报。水产年报16表调查时期为上年11月1日至当年10月31日。其他年报表调查时期为当年度1月1日至12月31日，半年报调查时期为当年度1月1日至6月30日，月报调查时期为当月数据。水产年报14表于翌年3月15日前上报，水产年报16表于当年11月15日前上报，其他报表于翌年2月15日前上报。水产定报表中，水产定报1表于当年下月5日前报送，水产定报2表于当年7月15日前报送。

五、调查方法、组织方式和渠道

渔业统计报表采用多种调查方法收集资料。水产年报4表（远洋渔业）由农业农村部渔业渔政管理局按照远洋渔业管理规定进行统计填报。水产年报14表（渔业经济总产值）中的渔业产值（除苗种）由各省、自治区、直辖市渔业主管部门向同级统计部门抄录填报。水产年报16表（渔民家庭人均收入与支出）是采用抽样调查方法实施统计调查。其他年报表采用全面统计调查方法实施统计调查。

六、统计资料的公布

调查取得的月报和半年报统计资料以《农业农村部经济信息发布日历》的形式向全社会发布，年报统计资料于翌年以《中国渔业统计年鉴》的形式向全社会发布。渔民家庭人均收入与支出统计资料须由农业农村部渔业渔政管理局与国家统计局进行联合评估后向全社会发布，未经评估的结果不得对外发布。

七、统计资料的共享

本调查取得的年报统计资料可以与其他政府部门共享，按照协定方式共享，在数据正式对外公布后的三十个工作日后可以共享，共享责任单位为农业农村部渔业渔政管理局，共享责任人为农业农村部渔业渔政管理局主管统计工作负责人。

八、质量控制

本调查制度针对统计业务流程的各环节进行质量管理和控制。农业农村部与各级渔业主管部门加强对统计数据质量管理，按照《全国主要水产品统计指标数据质量控制方法》，通过科学的方法收集、整理、分析统计监测数据，加强数据审核、优化调查对象结构、提高调查对象代表性，切实提高统计数据质量。

九、使用名录库情况

不使用。

十、本制度由国家统计局、农业农村部负责解释。

附录 2　渔业统计指标解释

第一章　水产品产量

第 1 条　水产品特征及产量统计范围

水产品指渔业（捕捞和养殖）生产活动的最终有效成果，它具有以下特征：

（1）它是渔业生产活动的成果。水产品既是渔业生产的劳动对象，也是渔业生产的劳动成果，它包括全部海淡水鱼类、甲壳类（虾、蟹）、贝类、头足类、藻类和其他类渔业产品。

（2）它是渔业生产活动的最终成果。渔业生产过程中的中间成果，如鱼苗、鱼种、亲鱼、转塘鱼、存塘鱼和自用作饵料的产品，不是最终成果，不能统计在水产品产量中。

（3）它是渔业生产活动的最终有效成果。水产品在上岸前已经腐烂变质，不能供人食用或加工成其他制品的，不统计在水产品产量中。

第 2 条　产量统计年度和统计者

（1）年水产品产量按日历年度计算。即从每年 1 月 1 日至 12 月 31 日止已从养殖水域捕捞起水或者已从天然水域捕捞并已返航卸港的水产品均统计在年产量中，有的生产渔船在外地收港卸鱼或者在海上由收购船扒载收购的，也按到港计算产量。

（2）水产品产量统计中，养殖产量按照水域所在地统计，国内捕捞产量按照渔船所属地统计，远洋渔业产量按照远洋渔业管理办法进行统计。

第 3 条　产量计量标准

除海蜇按三矾后的成品计量、各种藻类按干品计量外，其余各种水产品均按捕捞起水时鲜品实重（原始重量）计量。此外，供观赏的水生动物按个体计算。

第 4 条　养殖产量与捕捞产量划分原则

凡人工养殖并已起水的水产品数量为养殖产量，凡捕捞天然生长的水产品数量为捕捞产量。

（1）凡是人工投放苗种（不包括灌江纳苗）并进行人工饲养管理的淡水养殖水域中捕捞的水产品产量计算为淡水养殖产量，否则为淡水捕捞产量。

（2）凡是人工投放苗种或天然纳苗并进行人工饲养管理的海水养殖水域中捕捞的水产品产量计算为海水养殖产量，否则为海洋捕捞产量。

（3）稻田养殖起水的水产品，也计算为淡水养殖产量。

第 5 条　水产品分类

水产品分为海水产品和淡水产品两大类。

一、海水产品（略）

二、淡水产品

淡水产品包括淡水养殖产品和淡水捕捞产品。

1. 淡水养殖产品：包括鱼类、甲壳类（虾、蟹）、贝类、藻类和其他类产品。

（1）淡水养殖鱼类：鲟鱼、鳗鲡、青鱼、草鱼、鲢鱼、鳙鱼、鲤鱼、鲫鱼、鳊鲂、泥鳅、鲇鱼、鮰鱼、黄颡鱼、鲑鱼、鳟鱼、河鲀、短盖巨脂鲤、长吻鮠、黄鳝、鳜鱼、鲈鱼、乌鳢和罗非鱼等。

（2）淡水养殖甲壳类：虾和河蟹，其中虾包括罗氏沼虾、青虾、克氏原螯虾和南美白对虾等。

（3）淡水养殖贝类：河蚌、螺、蚬等。

（4）淡水养殖藻类：即螺旋藻。

（5）淡水养殖其他类：龟、鳖、蛙和珍珠等。

（6）观赏鱼统计按"条"计量，其重量不计入淡水养殖总产量。

2. 淡水捕捞产品：包括鱼类、甲壳类（虾、蟹）、贝类、藻类和其他类。其他类中包括丰年虫等。

第 6 条　海洋捕捞产量（按海区、渔具分类）（略）

第 7 条　海水养殖产量（按养殖水域分类）（略）

第 8 条　淡水养殖产量（按养殖水域分类）

按养殖水面类型不同，分为池塘、湖泊、水库、河沟、稻田及其他养殖方式。

第 9 条　部分养殖方式分类产量

（1）普通网箱：网箱一般由合成纤维如尼龙、聚氯乙烯等网线编织而成，装置在网箱架上。普通网箱面积均为数平方米到数十平方米。一般安置在港湾、沿岸、湖泊、水库和河沟等水域。

（2）深水网箱：深水网箱是一种大型海水网箱，主要有重力式聚乙烯网箱、浮绳式网箱和碟形网箱三种类型，具有抗风浪性能。网箱水体均为数百立方米到数千立方米。深水网箱一般安置在水深 20 米以下的海域。

（3）工厂化：工厂化养殖即按工艺过程的连续性和流水性的原则，通过机械或自动化设备，对养殖水体进行水质和水温的控制，保持最适宜于鱼类生长和发育的生态条件，使鱼类的繁殖、苗种培育、商品鱼的养殖等各个环节能相互衔接，形成一个独自的生产体系，以进行无季节性的连续生产，达到高效率、高速度的养殖目的。

第二章　水产养殖面积

第 10 条　水产养殖面积

水产养殖面积指在报告期内实际用于养殖水产品的水面面积，包括海水养殖面积和淡水养殖面积。在报告期内无论是否全部收获或尚未收获其产品，均应统计在养殖面积中。但有些水面不投放苗种或投放少量苗种，只进行一般管理的，不统计为养殖面积。养殖面积法定计量单位为公顷。

第 11 条　海水养殖面积（略）

第 12 条　淡水养殖面积

淡水养殖面积指在淡水水域养殖水产品的水面面积，包括池塘、湖泊、水库、河沟和其他五部分。工厂化、稻田养殖不计入养殖总面积。

第 13 条　养殖面积核算

（1）海上、滩涂、池塘、湖泊、水库、河沟等方式：按照实际使用的水面计算，计量单位为公顷。

（2）普通网箱：按照实际占用水面计算面积，计量单位为米^2。

（3）工厂化：按照实际养殖水体的体积计算，计量单位为米^3。

（4）深水网箱：按照实际占用水的体积计算，计量单位为米^3。

（5）在江河、湖泊、水库投放苗种或灌江纳苗、增殖放流的水域不统计面积；湖泊、水库、河沟虽有专人管理，或有苗种投放，但人工养殖水产品起捕量不足 30％的水面也不统计为养殖面积（其产量列入捕捞产量）。

第三章　渔业经济总产值和增加值

第 14 条　渔业经济总产值和增加值

渔业经济总产值和增加值指以货币表现的核算期内渔业经济活动的总产出和总成果，包括了全社会渔业、渔业工业和建筑业、渔业流通和服务业。

第 15 条　渔业产值和增加值

渔业产值指以货币表现的核算期内捕捞和养殖水产品的总产出和总成果。具体包括人工养殖的水生动物和海藻的产值、天然水生动物和天然海藻采集的产值，即包括海洋捕捞、海水养殖、淡水捕捞、淡水养殖产品的产出。其计算方法：水产品产量分别乘以其产品的现行价格。

渔业增加值指以货币表现的核算期内全社会从事渔业捕捞和养殖生产活动所创造的最终产品的价值，其计算方法：渔业总产出扣除渔业中间投入。

渔业产值和增加值的数据取自同级统计部门。

第 16 条　渔业工业、建筑业产值和增加值

渔业工业、建筑业产值和增加值指以货币表现的核算期内全社会从事水产品加工业、渔用机具制造业、渔用饲料工业、渔用药物制造业、渔业建筑业等的产出和成果。

水产品加工业产值等于加工产品量乘以现行价格，其增加值采用食品加工业增加值率进行推算。

渔用机具制造业产值、增加值等于渔船渔机修造业、渔用绳网制造业和其他设备制造业的产值、增加值之和；其产值计算方法主要采用"工厂法"计算，增加值的计算方法采用统计部门"规模以上工业企业总产值表"中的相应指标增加值率进行推算。

渔用饲料工业产值主要采用"工厂法"，增加值是渔用饲料工业现行总产出乘以"规模以上"饲料工业现价增加值率。

渔用药物制造业产值取同级相关部门统计年报表中的有关数据，其增加值等于渔用药物总产出乘以"规模以上"生物制药业现价增加值率。

渔业建筑业产值计算方法是从建筑产品所有方的建筑工程造价角度入手，依据投资完成额计算，其增加值采用建筑业增加值率来推算。

第 17 条　渔业流通和服务业产值和增加值

渔业流通和服务业包括渔业流通业，渔业（仓储）运输业，休闲渔业，渔业文化教育、科学技术和信息等产值和增加值。

渔业流通业产值以营业额来计算，其增加值等于渔业流通业产值乘以批发零售贸易业现价增加值率进行推算。

渔业（仓储）运输业产值即营业收入，其增加值计算方法与建筑业相同。

休闲渔业产值包括涉渔的一切旅游服务业产值，以营业额计算，其增加值用旅游业增加值率进行推算。

渔业文化教育、科学技术和信息等产值及其增加值根据财政部门《一般预算支出决算明细表》和有关资料进行推算。

第 18 条　计算总产值的价格

计算总产值的价格按当年价格计算。

当年价格就是当年出售产品时的实际价格。水产品当年价格以各地渔业生产单位初次出售的价格的平均价格为依据；工业产品以报告期内的产品出厂价格为当年价格。商业以零售价格为当年价格。

第四章　渔业船舶拥有量

第 19 条　渔业船舶

渔业船舶指从事渔业生产的船舶以及为渔业生产服务的船舶，按有无推进动力分为机动渔业船舶和非机动渔业船舶。按生产性质分为生产渔船和辅助渔船。

国内海洋捕捞渔业船舶转为远洋渔业船舶的当年，应纳入远洋渔业船舶统计范围内，在国内渔船统计范围中不再进行统计。

第 20 条　机动渔业船舶

机动渔业船舶指依靠本船主机动力来推进的渔业船舶，分为渔业生产船和渔业辅助船。

渔业生产船是直接从事渔业捕捞和养殖活动的船舶统称。从事捕捞业活动的渔船为捕捞船，从事养殖业活动的渔船为养殖船。捕捞船，按主机总功率分为：441 千瓦（含）以上、44.1（含）～441 千瓦、44.1 千瓦以下三类；按船长分为：24 米（含）以上、12（含）～24 米、12 米以下；按作业方式分为拖网、围网、刺网、张网、钓具、其他共 6 类，有关解释请参照第 6 条的相关内容。

渔业辅助船指从事各种加工、贮藏、运输、补给、渔业执法等渔业辅助活动的渔业船舶统称，包括水产运销船、冷藏加工船、油船、供应船、科研调查船、教学实习船、渔港工程船、拖轮、驳船和渔业行政执法船等。其中捕捞辅助船指水产运销船、冷藏加工船、油船、供应船等为渔业捕捞生产提供服务的渔业船舶。钓具、围网等作业渔船中的子船纳入捕捞辅助船统计范围。

机动渔船年末拥有量应按数量、吨位、功率分别统计，各计量单位规定如下：

（1）数量的单位为"艘"，"艘"应按船舶单元计算，子母式作业船应分别统计。

（2）吨位的单位为"总吨"，"总吨"应为丈量确定的船舶总容积，每 2.83 米³ 为 1 总吨。

（3）功率的单位为"千瓦"，"千瓦"应按主机总功率计算。1 马力等于 0.735 千瓦。

第 21 条　非机动渔船

非机动渔船指无配置机器作为动力的渔船，依靠人力、风力、水力或其他船只带动的渔业船舶，包括风帆船、手摇船等。

第五章　渔业灾情

第 22 条　渔业灾情

渔业灾情指由于遭受自然灾害而造成水产品产量减少、苗种损失、设施损坏、水域污染以及人员伤亡等。

水产品损失指由于自然灾害造成的水产品损失数量和金额。

受灾养殖面积指由于自然灾害造成水产品产量损失在 10% 以上的养殖面积。

渔业设施损毁指由于台风（洪涝）造成池塘、网箱（鱼排）、围栏、渔船损坏或沉没、堤坝、泵站、涵闸、码头、护岸、防波堤、工厂化养殖场及苗种繁育场等被毁，从而造成的渔业设施毁坏的数量和金额。

人员损失指由于自然灾害而造成人员失踪、死亡和重伤的人数。

病害损失指由于自然灾害导致水产品发病而造成的水产品损失数量和金额。

第六章　渔业人口与渔业从业人员

第 23 条　渔业乡和渔业村

在农村中，从事渔业生产与经营的人员占全部从业人员 50% 以上或渔业产值占农业产值的比重 50% 以上的乡、村，即为渔业乡和渔业村；达不到上述标准的，但一直是以经营渔业为主，并经上级主管部门批准定为渔业乡、村的，亦可统计为渔业乡和渔业村。

第 24 条　渔业户（家庭）

渔业户指农（渔）村和城镇住户中主要从事渔业生产与经营的家庭。凡家庭主要劳动力或多数劳动力从事渔业生产与经营的时间占全年劳动时间 50%（6 个月）以上或渔业纯收入占家庭纯收入总额 50% 以上者均可统计为渔业户。

第 25 条　渔业人口

渔业人口指依靠渔业生产和相关活动维持生活的全部人口，包括实际从事渔业生产和相关活动的人口及其赡（抚）养的人口，具体如下：

（1）直接从事渔业生产和相关活动的在业人口。

（2）兼营渔业和其他非渔业劳动者中，凡从事渔业生产和相关活动的时间全年累计达到或超过 3 个月者，或者虽全年累计不足 3 个月，但渔业纯收入占纯收入总额比重超过 50% 者。

（3）由从事渔业生产和相关活动的人口赡（抚）养的人口。

（4）在既有渔业劳动者又有非渔业劳动者的家庭中，根据渔业与非渔业纯收入比例分摊的被渔业劳动者赡（抚）养的人口。

渔业人口中的传统渔民：指凡渔业乡、渔业村的渔业人口均可称为传统渔民。

第 26 条　渔业从业人员

渔业从业人员：全社会中 16 岁以上，有劳动能力，从事一定渔业劳动并取得劳动报酬或经营收入的人员。

渔业专业从业人员：全年从事渔业活动 6 个月以上或 50％以上的生活来源依赖渔业活动的渔业从业人员。

渔业兼业从业人员：全年从事渔业活动 3～6 个月或 20％～50％的生活来源依赖渔业活动的渔业从业人员。

渔业临时从业人员：全年从事渔业活动 3 个月以下或 20％以下的生活来源依赖渔业活动的渔业从业人员。

第七章　远洋渔业

第 27 条　远洋渔业产量和远洋渔船（略）

第八章　水产苗种

第 28 条　苗种

鱼苗：卵黄囊基本消失，鱼鳔充气，能平游主动摄食的仔鱼，包括人工孵化和江河湖海港湾采捕的天然鱼苗。

鱼种：鱼苗经培育后，发育至全体鳞片，鳍条长全，外观具有成鱼基本特征的幼鱼，一般全长在 1.7～23.3 厘米，因出塘季节和培育期的不同，又俗称为夏花、冬片、春片、秋片、仔口和老口。

扣蟹：蟹苗经数次蜕皮变成外形接近蟹形的仔蟹，再经过 4～5 个月饲养培育成每千克 100～200 只性腺未成熟的幼蟹。

第 29 条　苗种数量统计原则

由苗种孵化或育成的单位归属统计，从他处购进或以其他方式取得苗种，不再进行统计。

第九章　水产加工业

第 30 条　水产加工企业

水产加工企业：从事水产品保鲜（保活）、保藏和加工利用的企业。

规模以上企业：年主营业务收入 500 万元以上的水产加工企业。

水产品加工能力：年加工处理水产品的总量。

第 31 条　水产冷库

水产冷库指主要用于水产品冻结、冷藏和制冰的场所，一般以低温冷藏库数作为冷库座数。

冷库的冻结能力、冷藏能力、制冰能力均指冷库建造设计的及后来改扩建新增的生产能力之和。

第 32 条　水产加工品

水产加工品指以水产品为原料，采用各种食品贮藏加工、水产综合利用技术和工艺所生产的产品，如冷冻冷藏品、腌制品、干制品、熏制品、罐头食品、各种生熟小包装食品，以及鱼油、鱼肝油、多烯脂肪酸制剂、饲料鱼粉、藻胶、碘、贝壳工艺品等。

一、水产冷冻品

水产冷冻品指为了保鲜，将水产品进行冷冻加工处理后得到的产品，包括冷冻品和冷冻加工品，但不包括商业冷藏品。

冷冻品泛指未改变其原始性状的粗加工产品，如冷冻全鱼、全虾等。

冷冻加工品指采用各种生产技术和工艺，改变其原始性状、改善其风味后制成的产品，如冻鱼片、冻虾仁、冷冻烤鳗、冻鱼籽等。

二、鱼糜制品和干腌制品

鱼糜制品指将鱼（虾、蟹、贝等）肉（或冷冻鱼糜）绞碎经配料、擂溃成为稠而富有黏性的鱼肉浆（生鱼糜），再做成一定形状后进行水煮（油炸或焙烤烘干）等加热或干燥处理而制成的食品，如鱼糜、鱼香肠、鱼丸、鱼糕、鱼饼、鱼面、模拟蟹肉等。

干腌制品指以水产品为原料，经脱水（烘干、烟熏、焙烤等）或添加腌制剂（盐、糖、酒、糟）制成具有保藏性和良好风味的产品，如烤鱼片、鱿鱼丝、鱼松、虾皮、虾米、海珍干品，以及海蜇、腌鱼、烟熏鱼、糟鱼、醉虾蟹、醉泥螺、卤甲鱼、水生动植物调味品（虾蟹酱、蚝油、鱼酱油）等。

藻类加工品指以海藻为原料，经加工处理制成具有保藏性和良好风味的方便食品，如海带结、干紫菜、调味裙带菜等。

三、水产罐制品

水产罐制品指以水产品为原料按照罐头工艺加工制成的产品，包括硬包装和软包装罐头，如鱼类罐头、虾贝类罐头等。

四、鱼粉

鱼粉指用低值水产品及水产品加工废弃物（如鱼骨、内脏、虾壳等）等为主要原料生产而成的加工品。

五、鱼油制品

鱼油制品指从鱼肉或鱼肝中提取油脂，并制成的产品，如粗鱼油、精鱼油、鱼肝油、深海鱼油等。

六、其他水产加工品

其他水产加工品指除上述加工产品之外的加工品统称，如助剂和添加剂（蛋白胨、褐藻胶、碘、甘露醇、卡拉胶、琼胶等）、珍珠加工品、贝壳工艺品、鱼酒、鱼奶等。

第十章　渔民家庭当年收支情况调查

第 33 条　家庭常住人口数

家庭常住人口数指全年经常在家或在家居住 6 个月以上，而且经济和生活与本户连成一体的人口数。外出从业人员在外居住时间虽然在 6 个月以上，但收入主要带回家中，经济与本户连为一体，仍视为家庭常住人口；在家居住，生活和本户连成一体的国家职工、退休人员也为家庭常住人口。但是现役军人、中专及以上（走读生除外）的在校学生，以及常年在外（不包括探亲、看病等）且已有稳定的职业与居住场所的外出从业人员，不应当作家庭常住人口。

第 34 条　家庭渔业从业人员人数

家庭渔业从业人员人数指家庭常住人口中从事渔业生产、销售、运输等活动累计 6 个月以上的人数。

第 35 条　全年总收入

全年总收入指调查期内被调查对象从各种来源渠道得到的收入总和。按收入的性质划分为家庭经营收入、工资性收入、财产净收入、转移性收入和政府生产补贴（惠农收入）。

第 36 条　家庭经营收入

家庭经营收入指以家庭为单位进行生产经营和管理而获得的收入，包括渔业（水产品及鱼苗）收入、其他行业经营收入。

渔业收入：水产品及鱼苗用于市场交易的现金收入或自产自食的实物收入。市场交易的现金收入等于交易的水产品及鱼苗或与水产品有关的劳务活动量乘以市场价格，只要交易发生，包括现款和应收款都要计算为收入；自产自食的实物收入，按自食水产品数量乘以相应水产品成本价格计算。如某个水产品的市场平均价格为 10 元/千克，用于计算该水产品市场交易的现金收入；成本价格为 6 元/千克，用于计算自产自食的该水产品实物收入。

其他行业经营收入：渔民家庭自主经营的除渔业外的其他行业，如种植业、畜牧业、林业等第一产业，或从事第二、第三产业所取得的经营收入。第一产业的收入包括现金和实物两个部分，计算方法与渔业收入类似；第二、第三产业只计算现金部分。

第 37 条　工资性收入

工资性收入指渔民家庭中从业人员通过各种途径得到的全部劳动报酬和各种福利，包括在渔业生产劳动中获得的工资和在其他行业劳动中获得的工资。

工资的形式包含计时计件劳动报酬、奖金、津贴，以及单位代个人缴纳的养老保险、医疗保险、失业保险、房租费、水电费、托儿费、医疗费等，单位定期或不定期发放过节费、调动工作的安家费、相当于现金的通用购物卡、免费或低价提供的实物产品和服务折价、工作餐补贴折价，零星或兼职劳动中得到现金、实物补贴折价等，还包括股份制企业派发或奖励给员工的股票和期权。

工资按照收付实现制计算，只要是在调查期内实际得到的工资，无论该工资是补发还是预发，都应归为本期得到的工资收入。本调查期内应得但因拖欠等原因未得到的工资不应计入。

工资不包括因员工或员工家属大病、意外伤害、意外死亡等原因支付给员工或其遗属的抚恤金和困难补助金，应该将其列入转移性收入中的社会救济和补助收入。

第 38 条　财产净收入

财产净收入指渔民家庭住户或成员将其所拥有的金融资产和自然资源交由其他机构单位、住户或个人支配而获得的回报并扣除相关的费用之后得到的净收入。财产净收入包括利息净收入、红利收入、储蓄性保险净收益和转让承包土地或水面经营权租金净收入等。

利息净收入指利息收入扣除该住户或个人付给债权方的生活性借贷款利息支出后得到的净值。利息收入指按照双方事先约定的金融契约条件，借出金融资产（存款、债券、贷款和其他应收账款）的住户或个人从债务方得到的本金之外的附加额。利息收入是应得收入，包括各类定期和活期存款利息、债券利息、个人借款利息等，银行代扣的利息所得税也包括在内。

红利收入指住户或个人作为股东将其资金交由公司支配或处置而有权获得的收益。包括股票发行公司按入股数量定期分配的股息、年终分红以及从集体财产入股或其他投资分配得到的股息和红利。股票买卖结算后获得的收益（含亏损）不包含在内。

储蓄性保险净收益指住户或个人参加储蓄性保险，扣除缴纳的保险本金及相关费用后，所获得的保险净收益，不包括保险责任人对保险人给予的保险理赔收入。

转让承包土地或水面经营权租金净收入指住户将拥有经营权或使用权的土地转让给其他机构单位或个人获得的补偿性收入扣除相关成本支出后得到的净收入，也包括从其他机构单位或个人获得的实物形式的收入。

其他财产净收入指住户所得的除上述以外的其他财产净收入扣除相关的维护成本之后得到的净收入。如通过在国外购买的土地、矿产等自然资源获得的财产净收入等。

财产净收入不包括将非金融资产（如住房、生产经营用房、机械设备、专利、专有技术、商标商誉等）交由其他机构单位、住户或个人支配而获得的回报，应该计入"经营净收入"。财产净收入也不包括转让资产所有权的溢价所得，这些是"非收入所得"，不包含在本调查中。

第 39 条　转移性收入

转移性收入指国家、单位、社会团体对住户的各种经常性转移支付和住户之间的经常性收入转移。它包括政府、非行政事业单位、社会团体对居民转移的养老金或退休金、社会救济和补助、惠农补贴、政策性生活补贴、救灾款、经常性捐赠和赔偿以及报销医疗费等；住户之间的赡养收入、经常性捐赠和赔偿，以及农村地区（村委会）在外（含国外）工作的本住户非常住成员寄回带回的收入等。

转移性收入不包括住户之间的实物馈赠。

养老金或离退休金指根据国家有关文件规定或合同约定，在劳动者年老或丧失劳动能力后，根据他们对社会、单位所作的贡献和所具备的享受养老保险资格或退休条件，按月以货币形式或实物产品及服务给予的待遇，主要用于保障因年老或疾病丧失劳动能力的劳动者的基本生活需要。包括离退休人员的养老金或离退休金、生活补贴，农民享有的新型农村养老保险金，城镇居民享有的社会养老保险金，国家或地方政府给予城镇无保障老人的养老金，因工致伤离退休人员的护理费，退休人员异地安家补助费、取暖补贴、医疗费、旅游补贴、书报费、困难补助以及在原工作单位所得的各种其他收入，相当于现金的购物卡券也包含在内。也包括发给的实物和购买指定物品的票证、购物卡券，应同时计入相应的实物产品和服务项目中。

社会救济和补助指国家、机关企事业单位、社会团体和个人对各类特殊家庭、人员提供的特别津贴。包括国家对享受城镇居民最低生活保障待遇的家庭发放的最低生活保障金、对农村五保户发放的五保救助金、国家和社会及机构单位对特殊困难家庭给予的困难补助、扶贫款、救灾款、国家或机构单位向由于失去工作能力或意外死亡等原因而失去工作的职工或其遗属定期发放的抚恤金等。也包括发给的实物和购买指定物品的票证、购物卡券，应同时计入相应的实物产品和服务项目中。

惠农补贴指政府为扶持农业、林业、牧业、渔业和农林牧渔服务业，以现金或实物形式发放的各种生产补贴。现金形式发放的补贴包括粮食直补、购置和更新大型农机具补贴、良种补贴、购买生产资料综合补贴、退耕还林还草补贴、畜牧业补贴等生产性补贴。实物形式发放的补贴指政府低价或免费提供的相关产品和服务，如免费或低价提供的种子、农机具服务等。包括经营渔业的生产性补贴和经营其他产业的生产性补贴。在鱼塘改造中，如果是以渔民家庭为主进行投入建设，得到了政府补贴，计入渔民得到的惠农补贴；如果是政府直接奖励或投入改造建设，则按相关市场价格计入生产性固定资产。

政策性生活补贴指根据国家的有关规定，中央财政、各级地方财政给予家庭的相关政策性生活补贴。包括家电下乡和以旧换新等家电补贴、能源补贴、给农村寄宿制中小学生的生活补贴等；也包括其他低价或免费提供的实物产品和服务，如廉租房等。

报销医疗费指参加新型农村合作医疗、城镇职工基本医疗保险、（城镇）居民基本医疗保险、城乡居民大病保险的居民在购买药品、进行门诊治疗或住院治疗之后，从社保基金或单位报销的医疗费。报销医疗费属于一种实物收入。报销医疗费包括使用社保卡进行医疗服务付费时直接扣减的、由社保基金支付的部分。从商业医疗保险获得报销的医疗费不包括在内。

外出从业人员寄回带回收入指在外（含国外）工作的本住户非常住成员寄回、带回的收入。无论是以现金、汇款、转账、银行卡共享等任何形式寄回、带回的收入，都应计入。

赡养收入指亲友因赡养和抚养义务经常性给予住户及其成员的现金和实物收入。

其他经常转移收入指住户从除上述各项转移性收入以外得到的其他经常性转移收入。如经常性捐赠收入、经常性赔偿收入、失业保险金、亲友搭伙费等。

经常性捐赠收入指住户从他人、组织、社会团体处得到的经常性捐献或赠送收入。这种捐赠收入带有义务性和经常性，不包括遗产及一次性馈赠收入、婚丧嫁娶礼金所得、压岁钱等。捐赠收入与赡养收入的区别：赠送是对本住户的成员无赡养义务的其他住户或个人给本住户及其成员的现金。本住户成员内部间的捐赠收入和捐赠支出均不必记账。

经常性赔偿收入指住户及其成员因受到财产损失、人身伤害、精神损失得到的国家、单位、个人定期支付的经常性赔偿，不包括一次性赔偿所得。

第40条 全年总支出

全年总支出指渔民家庭全年用于生产、生活和再分配的全部支出。包括：家庭经营费用支出、生产性固定资产折旧、税费支出、生活消费支出、转移性支出。

第41条 家庭经营费用支出

家庭经营费用支出指以家庭为单位从事生产经营活动而消费的商品和服务、自产自用产品，包括经营渔业费用支出和经营其他行业费用支出。

经营渔业费用支出包括燃料、水电及加冰费用、雇工费用、饲料费用、购买种苗费用，以及加工费用、修理费、承包或租用费等其他生产支出。其中燃料、水电费指用于生产的，不包括用于生活的支出；修理或改造费用等，指额度在1 000元以下的日常渔需物质支出，在此价值量之上的如渔具的大修理、鱼塘清淤、改造等较大规模投入，则按量按价计入固定资产。

经营其他行业费用支出指从事除渔业经营外的其他行业，如种植业、畜牧业、林业等第一产业，或从事第二、第三产业经营的支出。其计算方法参考经营渔业支出。

第42条 生产性固定资产原价及折旧

生产性固定资产指使用年限在2年及以上、单位价值在1 000元以上的房屋建筑物、机器设备、器具工具、役畜、产品畜等资产，其中渔业生产性固定资产包括生产用车船、精养鱼池、大型网具、防逃设施、涵闸、泵站等。

生产性固定资产原价指固定资产当初的购进价、新建价或开始转为固定资产的价值。自繁自养的幼畜成龄转作役畜、产品畜、种畜，按市场同类牲畜的平均价格计价。国家奖励和外单位赠送的固定资产按购置同类固定资产的价格参照其新旧程度酌情计价。

渔民家庭的生产性固定资产折旧按农业生产性固定资产折旧方法处理，即15年的使用期限。

第43条 税费支出

税费支出指渔民家庭以现金和实物形式缴纳的从事生产经营活动的各种税赋支出，以及承包费、一事一议款、以资代劳款、乡村提留、集资摊派等费用，包括经营渔业税费支出和经营其他产业税费支出。对于无法区分家庭产业经营活动的税费支出，按一定比例分摊。

第44条 转移性支出

转移性支出指渔民家庭或成员对国家、单位、住户或个人的经常性或义务性转移支付，包括缴纳的税款、各项社会保障支出、赡养支出、经常性捐赠和赔偿支出以及其他经常转移性支出等。

个人所得税指家庭或成员被扣缴的工资薪金所得、对企事业单位的承包经营承租经营所得、个体工商户的生产经营所得、劳务报酬所得、稿酬所得、特许权使用费所得、利息股息红利所得、财产租赁所得、财产转让所得、偶然所得、经国务院财政部门确定征税的其他所得等个人所得的税款。生产税、消费税不在其内。

社会保障支出指家庭成员参加国家法律、法规规定的社会保障项目中由单位和个人共同缴纳的保障支出，包括养老保险、医疗保险、失业保险、工伤保险、生育保险以及其他社会保障支出。

赡养支出指家庭成员因赡养和抚养义务而付给亲友的经常性现金和定期的实物支出。现金赡养支出应按实际发生的金额计算，不论是从报告期收入中开支的，还是从银行存款、手存现金以及其他所得中开支的，均应包含在内。

其他经常转移支出指家庭或成员除缴纳的税款、社会保障支出、赡养支出以外的其他经常性转移支出，如经常性捐赠支出、经常性赔偿支出、各种罚款（如交通罚款）；政府部门向居民提供服务收取的服务费，如迁户口的办理费、办理身份证件，缴纳工会费、党费、团费以及学会团体组织费等。

经常性捐赠支出指家庭或成员赠予他人的经常性和带有义务性的现金支出，包括向寺庙的经常性捐款、定期资助贫困学生或贫困地区的款项、个人对公共设施建设的各类捐款，如解困基金、水利基金、防洪基金等，但不包括以商品或服务方式给予他人的价值额。婚丧嫁娶礼金支出及一次性馈赠支出如压岁钱、探望病人给予的礼金等不含在内。经常性捐赠支出应按实际发生的金额计算，不论是从报告期收入中开支的，还是从银行存款、手存现金以及其他所得中开支的，均应包括在内。

经常性赔偿支出指家庭或成员向因受到财产损失、人身伤害、精神损失的国家、单位、个人定期支付的赔偿支出，不包括一次性赔偿支出。

第45条　生活消费支出

生活消费支出指渔民家庭用于满足家庭日常生活消费需要的全部支出，包括伙食支出、烟酒支出、衣着支出、居住支出、生活用品支出、交通通信支出、教育文化娱乐支出、医疗保健支出、其他用品及服务支出。

伙食支出指渔民家庭住户购买粮、油、菜、肉、禽、蛋、奶、水产品、糖、饮料、干鲜瓜果等食品的支出，也包括在外饮食、餐馆外卖食品和其他饮食服务的支出，但不包括用于宠物食品的支出。

烟酒支出指渔民家庭住户用于烟草和酒类的支出。烟草包括卷烟、烟丝、烟叶。涵盖住户购买的所有烟草，包括在餐馆、酒吧等购买的烟草。不包括烟具。酒指用高粱、大麦、米、葡萄或其他水果发酵制成的含酒精饮料。主要有白酒、黄酒、葡萄酒、啤酒，包括低度酒精饮料或不含酒精的啤酒等。此处指买来在家喝的酒类，不包括在餐馆、旅馆、酒吧等消费的酒（在外饮食）。

衣着支出指渔民家庭住户用于穿着的支出，包括购买服装、服装材料、鞋类、其他衣类及配件，以及衣着相关加工服务的支出。

居住支出指渔民家庭住户用于居住的支出，包括房租、水、电、燃料、住房装潢、物业管理等方面的支出。

生活用品支出指渔民家庭住户购买家具和家用电器、日用杂品的支出。

家具和家用电器包括家具、家具材料、室内装饰品、家庭使用的各类大型器具和电器、小家电等，如冰箱、冷饮机、空调、洗衣机、吸尘器、干衣机、微波炉、洗碗机、消毒碗柜、炊具、炉灶、热水器、取暖器、保险柜、缝纫机、榨汁机、烤面包炉、酸奶机、熨斗、电水壶、电扇、电热毯等。

日用杂品包括床上用品、窗帘门帘和其他家用纺织品，以及洗涤及卫生用品、厨具、餐具、茶具、家用手工工具、其他日用品、护肤品、美容美发用品等。

交通通信支出指渔民家庭户在交通工具、交通费、通信器材、通信服务方面的支出。

交通工具包括家用汽车、摩托车、自行车及其他家庭交通工具。不包括经营用交通工具。

交通费包括乘坐各种交通工具（如飞机、火车、汽车、轮船等）所支付的交通费以及用于车辆使用的燃料费、停车费、维修费、车辆保险等。不包括因公出差暂由个人垫付的交通费。

通信工具包括固定电话机、移动电话机、寻呼机、传真机等。

通信服务费包括电话费、电话初装费、入网费、电信费、邮费等。

教育文化娱乐支出指渔民家庭户用于住户成员的教育活动、文化娱乐活动的支出。

教育包括职业技术培训费、学杂费、赞助费、一揽子教育服务费、教育用品支出等。文化娱乐包括用于文娱耐用消费品、其他文娱用品和文化娱乐服务。

文娱耐用消费品包括各种音像、摄影和信息处理设备，如彩色电视机、照相机、摄像机、组合音响、家用计算机，也包括中高档乐器、健身器材等，还包括文娱耐用消费品的零配件和维修。

其他文娱用品包括除教材及参考书以外的各种书报杂志及音像制品、文具纸张、体育户外用品、玩具、用于花鸟虫鱼等业余爱好的相关用品、宠物及宠物用品等其他文娱用品，也包括以上文娱用品的维修支出。

文化娱乐服务指和文化娱乐活动有关的各种服务费用。包括团体旅游、景点门票、体育健身活动、电影、话剧、演出票、有线电视费以及其他文化娱乐服务支出。

医疗保健支出指渔民家庭户购买医疗器具和药品，支付门诊和住院费方面的支出。

医疗器具和药品包括药品、滋补保健品、医疗卫生器具及用品和保健器具。

门诊和住院费指门诊和住院的医疗总费用，包括从各种医疗保险或其他医疗救助计划中获得的医药费和医疗费的报销款额；挂号费、诊疗费、注射费、手术费、透视费、镶牙费、出诊费、送药费、陪侍费、住院费、救护车费等；提供给门诊病人的药物、医疗器械和设备及其他保健产品。报销医疗费应按收付实现制记录，即仅当医疗费报销到手时才计入。

其他用品及服务指渔民家庭户在其他用品及服务方面的支出。

其他个人用品包括首饰、手表和其他杂项用品。

其他服务包括旅馆住宿费、美容美发洗浴、其他杂项服务。无法归入七大类服务支出的其他各项服务支出，如迷信、丧葬费、诉讼费、公证费、房地产中介服务费等也包含在内。

第46条　全年纯收入和渔业纯收入

全年纯收入指渔民家庭当年从各种来源得到的总收入相应地扣除所发生的费用后的收入总和。全年纯收入主要用于再生产投入和当年生活消费支出，也可用于储蓄和各种非义务性支出。渔民人均纯收入是按人口平均的纯收入水平，反映的是一个地区或一个渔民家庭的居民平均收入水平。计算方法：

全年纯收入＝全年总收入－家庭经营费用支出－生产性固定资产折旧－税费支出

渔业纯收入＝出售水产品收入＋从事渔业所获得的工资性收入＋渔业补贴－经营渔业

支出－渔业固定资产折旧－渔业税费支出

第 47 条　可支配收入

可支配收入指渔民家庭户可用于最终消费支出和储蓄的总和，即可以用来自由支配的收入。可支配收入既包括现金，又包括实物收入。本调查按照收入的来源，可支配收入包含四项，分别为工资性收入、经营净收入、财产净收入、转移净收入。计算公式为：

可支配收入＝工资性收入＋经营净收入＋财产净收入＋转移净收入

其中：

经营净收入＝经营收入－经营费用－生产性固定资产折旧－税费支出

转移净收入＝转移性收入－转移性支出

第 48 条　渔民家庭收支调查台账首页及问卷

渔民家庭收支调查台账首页是用于采集渔民家庭收支情况基础数据的方法。在调查户中建立台账首页，按一定时间将发生收支情况通过问卷访问进行记录，由县级渔业统计人员按时间要求，直接通过村干部或村农业技术员收集或调查。本台账首页及问卷为参考表样，各地可根据实际情况自行设计，方便渔民理解。在台账首页中需要一次性填写的内容包括样本户地址及代码、居住房屋面积和估价、拥有大型网具价值、养殖面积、机动渔船数量、功率和吨位等。

样本户地址及代码指渔民家庭收支调查样本户的居住地址，按省、地、县、乡、村的行政地址填写，代码是国家统计局公布的标准代码（12 位）。村内的样本户按自然顺序编码。样本户所在的行政区划名称发生改变，但尚未获得国家标准名称和代码的，原地址和代码不变，可在备注中说明。

居住房屋面积指住宅用于生活居住的建筑面积，应扣除住宅中非生活居住（出租、生产或商用）的建筑面积。

建筑面积以房屋产权证或租赁证为准，也可按使用面积乘以 1.333 计算得出。如果没有相应证明，则由调查员根据本住宅或类似住宅判断填写。建筑面积应填写整数，不为整数时应四舍五入。

居住房屋的估价指居住房屋建筑本身的市场估值，仅包含建筑物本身的价值，不包含宅基地的价值。市场估值主要由调查员辅助住户进行填报。按农村地区的住宅市场估值方法进行估价，调查员预先了解本地区目前平均的房屋建造成本，并将这些信息提供给调查户。针对某个具体住宅，首先估计目前如果要建造同类住房所需要的成本，然后按照 30 年折旧的期限，根据住宅的建筑年份对剩余的价值进行折算。

图书在版编目（CIP）数据

2025 湖南渔业统计年鉴 / 湖南省农业农村厅渔业渔
政管理处等编制 . -- 北京：中国农业出版社，2025. 8.
ISBN 978-7-109-33560-8

Ⅰ . F326.4-66

中国国家版本馆 CIP 数据核字第 2025TJ7743 号

2025 湖南渔业统计年鉴

2025 HUNAN YUYE TONGJI NIANJIAN

中国农业出版社出版

地址：北京市朝阳区麦子店街 18 号楼

邮编：100125

责任编辑：陈　瑨

版式设计：王　晨　　责任校对：吴丽婷

印刷：中农印务有限公司

版次：2025 年 8 月第 1 版

印次：2025 年 8 月北京第 1 次印刷

发行：新华书店北京发行所

开本：787mm×1092mm　1/16

印张：9.5　插页：10

字数：254 千字

定价：128.00 元